金陵全書

丁編·文獻類

胡澹庵先生文集（一）

（宋）胡銓 著

南京出版傳媒集團
南京出版社

圖書在版編目（CIP）數據

胡澹庵先生文集 /（宋）胡銓著. -- 南京：南京出版社，2023.6

（金陵全書）

ISBN 978-7-5533-4163-7

Ⅰ.①胡… Ⅱ.①胡… Ⅲ.①胡銓（1102–1180）–文集 Ⅳ.①K827=442

中國國家版本館CIP數據核字（2023）第058763號

書　　名　【金陵全書】（丁編・文獻類）
　　　　　胡澹庵先生文集
作　　者　（宋）胡　銓
出版發行　南京出版傳媒集團
　　　　　南　京　出　版　社
　　　　　社址：南京市太平門街53號　　郵編：210016
　　　　　網址：http://www.njcbs.cn　　電子信箱：njcbs1988@163.com
　　　　　聯系電話：025-83283893、83283864（營銷）　025-83112257（編務）

出 版 人　項曉寧
出 品 人　盧海鳴
責任編輯　楊傳兵
裝幀設計　楊曉崗
責任印製　楊福彬

製　　版　南京新華豐製版有限公司
印　　刷　南京凱德印刷有限公司
開　　本　889毫米×1194毫米　1/16
印　　張　108.5
版　　次　2023年6月第1版
印　　次　2023年6月第1次印刷
書　　號　ISBN 978-7-5533-4163-7
定　　價　2400.00元（全三册）

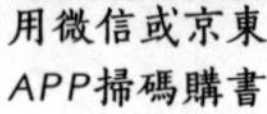

總序

南京，古稱金陵，中國著名的四大古都之一，是國務院首批公佈的國家歷史文化名城。

南京有着六十萬年的人類活動史，近二千五百年的建城史，約四百五十年的建都史，享有『六朝古都』『十朝都會』的美譽。南京歷史的興衰起伏在某種程度上可以説是中國歷史的一個縮影。在中華民族光輝燦爛的歷史長河中，古聖先賢在南京創造了舉世矚目、富有特色的六朝文化、南唐文化、明文化和民國文化，爲中華民族文化的傳承和發展做出了不朽貢獻。然而，由於時代的遞遷、戰争的破壞以及自然的損毁等原因，歷史上南京的輝煌成就以物質文化形態留存下來的相對較少，見諸文獻典籍的則相對較多。南京文獻内涵廣博，卷帙浩繁，版本複雜。截至一九四九年中華人民共和國成立，南京文獻留存下來的有近萬種，在全國歷史文化名城中名列前茅。以六朝《世説新語》《文心雕龍》《昭明文選》，唐朝《建康實録》，宋朝《景定建康志》《六朝事跡編類》，元朝《至正金陵新志》，明朝《洪武京城圖志》《金陵古今圖考》《客座贅語》，清朝《康熙江寧府志》《白下瑣言》，民國《首都計劃》《首都志》《金陵古蹟圖考》等爲代表的南京地方文獻，不僅是南京文化的集中體現，也是中華民族優秀傳統文化的重要組成部分。這些南京文獻，積澱貯存了歷代南京人民的經驗和智慧，翔實地反映了南京地區的社會變遷，是研究南京乃至全國政治、經濟、軍事、文化、外交和民風民俗的重要資料。

歷史上的南京文化輝煌燦爛，各類圖書典籍琳琅滿目。迄今爲止，南京文獻曾經有過三次不同程度的整理。

第一次是距今六百多年前的明朝永樂年間，明朝中央政府在南京組織整理出版了《永樂大典》。《永樂大典》正文二萬二千八百七十七卷，凡例和目録六十卷，分裝成一萬一千零九十五册，總字數約三億七千萬字。書中保存了中國上自先秦、下迄明初的各種典籍資料達七八千種，是中國古代最大的類書。

第二次是民國年間，南京通志館編印了一套《南京文獻》。《南京文獻》每月一期，從一九四七年元月至一九四九年二月共刊行了二十六期，收入南京地方文獻六十七種，包括元明清到民國各個時期的著作，其中收録的部分民國文獻今天已經成爲絶版。

第三次是二〇〇六年以來，南京出版社選取部分南京珍貴文獻，整理出版了一套《南京稀見文獻叢刊》點校本，到二〇二〇年，已經出版了六十九册一百零五種，時代上起六朝，下迄民國，在學術普及方面做出了一定的貢獻。

中華人民共和國成立以來，尤其是改革開放以來，南京的政治、經濟、文化建設飛速發展，但南京文獻的全面系統整理出版工作一直没有得到應有的重視，這與南京這座國家歷史文化名城的地位頗不相稱。據調查，目前有關南京的各類文獻主要保存在南京圖書館、南京市檔案館，以及全國各地的高等院校、科研院所、圖書館、檔案館、博物館，少數流散於民間和國外。一方面，廣大讀者要查閲這些收藏在全國各地的南京文獻殊爲不便；另一方面，許多珍貴的南京文獻隨着歲月的流逝而瀕臨損毁和失傳。南京文獻的存史、資治、教化、育人功能没有得到應有的發揮。

盛世修史（志）。在中華民族和平崛起和大力弘揚民族傳統文化、全力發展民族文化事業的大背景下，在建設『文化南京』的發展思路下，中共南京市委、南京市人民政府於二〇〇九年十二月做出决定，將南京有史以來的地方文獻進行全面系統的匯集、整理和影印出版，輯爲《金陵全書》（以下簡稱《全書》），以更好地搶救和保護鄉邦文獻，傳承民族文化，推動學術研究，促進南京文化建設；同時，也更爲有効地增加南京文獻存世途徑，提昇南京文獻地位，凸顯南京文獻價值。

爲編纂出能够代表當代最高學術水平和科技成就，又經得起時間檢驗的《全書》，我們將編纂工作分成三個階段進行。第一個階段爲調研階段，主要對南京現存文獻的種類、數量、保存現狀以及收藏地點等進行深入細緻的調研，召集專家學者多次進行學術論證和可操作性論證，撰寫出可行性調查報告，爲科學決策提供依據，此項工作主要由中共南京市委宣傳部和南京出版社組織完成。第二個階段爲啓動階段，以二〇〇九年十二月二十四日召開的『《金陵全書》編纂啓動工作會』爲標志，市委主要領導親自到會動員講話，市委宣傳部對《全書》的編纂出版工作作了明確部署。在廣泛徵求專家學者意見的基礎上，確定了《全書》的總體框架設計，確定了將《全書》列爲市委宣傳部每年要實施的重大文化工程，確定了主要參編責任單位和責任人，並分解了任務。第三個階段爲編纂出版階段，主要在全國範圍内進行資料的徵集、遴選和圖書的版式設計、複製、排版及印製工作。

爲了確保《全書》編纂出版工作的順利進行，中共南京市委、南京市人民政府成立了專門的編纂出版組織機構。其中編輯工作領導小組，由中共南京市委、市政府領導以及相關成員單位主要負責人組成；《全書》的編纂出版工作由市委宣傳部總牽頭；學術指導委員會，由蔣贊初、茅家琦、梁白泉等一批全國著名的專家學者組成，負責《全書》的學術審核和把關。

《全書》分爲方志、史料、檔案和文獻四大類。自二〇一〇年起，計劃每年出版四十册左右。鑒於《全書》的整理出版工作難度較大，周期較長，在具體操作中，我們採取了分工協作的方式。市委宣傳部和南京出版社負責《全書》的總體策劃，其中方志部分，主要由南京市地方志編纂委員會辦公室和南京出版傳媒集團·南京出版社共同承擔；史料和文獻部分，主要由南京圖書館承擔；檔案部分，主要由南京市檔案局（館）承擔。《全書》的編輯出版，得到了江蘇省文化廳、江蘇省新聞出版局、江蘇省檔案局（館）、南京大學、南京圖書館、南京市文廣新局、南京市社科聯（社科院）、南京市文聯、金陵圖書館以及各區委宣傳部和地方志辦公室等單位及社會各界的熱情鼓勵和大力支持，尤其是得到了中國國家圖書館和全國各地（包括港臺地區）高等院校、科研院所、圖書館、檔案館、博物館等藏書單位的鼎力相助，在此表示深深的謝意！

我們相信，在中共南京市委、南京市人民政府的長期不懈支持下，在各部門、各單位的積極配合和衆多專家學者的共同努力下，這項功在當代、利在千秋的傳世工程一定能够圓滿完成。

《金陵全書》編輯出版委員會

凡例

一、《金陵全書》（以下簡稱《全書》）收録的南京文獻，分爲方志、史料、檔案和文獻四大類。

二、《全書》按上述四大類分爲甲、乙、丙、丁四編，以不同的封面顔色加以區分；每編酌分細類，原則上以成書時代爲序分爲若幹册，依次編列序號。

三、《全書》收録南京文獻的地域範圍，包括了清代江寧府所轄上元、江寧、句容、溧水、高淳、江浦、六合。

四、《全書》收録的南京文獻，其成書年代的下限爲一九四九年。

五、《全書》收録方志、史料和文獻，盡量選用善本爲底本。《全書》收録的檔案以學術價值和實用價值較高爲原則，一般選用延續時間較長、相對比較完整的檔案全宗。

六、《全書》收録的南京文獻底本如有殘缺、漫漶不清等情況，必要時予以配補、抽换或修描，以保證全書完整清晰；稿本、鈔本、批校本的修改、批注文字等均保留原貌。

七、《全書》收録的南京文獻，每種均撰寫提要，置於該文獻前，以便讀者了解其作者生平、主要内容、學術文化價值、編纂過程、版本源流、底本採用等情况。

八、《全書》所收文獻篇幅較大時，分爲序號相連的若幹册；篇幅較小的文獻，則將數種合編爲一册。

九、《全書》統一版式設計，大部分文獻原大影印；對於少數原版版面過大或過小的文獻，適當進行縮小或放大處理，並加以説明。

十、《全書》各册除保留文獻原有頁碼外，均新編頁碼，每册頁碼自爲起訖。

提要

《胡澹庵先生文集》三十二卷，宋胡銓著。

胡銓（一一〇二—一一八〇），字邦衡，號澹庵，廬陵薌城（今江西省吉安市青原區值夏鎮）人。胡氏本金陵人，五季避地廬陵。嘗名其庵曰『澹』，取賈生澹若深淵意。與李綱、趙鼎、李光并稱『南宋四大名臣』。

胡銓自小潛心學問，强記博覽。建炎二年（一一二八），高宗策士於淮海，胡銓回答御題之問，策萬餘言，高宗見而异之，把胡銓列爲第一，時有朝臣忌其直者，建議將他移置第五。初授撫州軍事判官，未上任，恰遇隆祐太后避兵贛州，金人一路追趕，胡銓以漕檄攝本州島幕募鄉丁助官軍捍禦，第賞轉承直郎，丁父憂，從鄉先生蕭楚學《春秋》。紹興八年（一一三八），面對金國的威逼，秦檜等人主張議和，胡銓則抗疏乞斬秦檜、孫近、王倫等，聲振朝野，同時他也遭受到秦檜等人的迫害。秦檜死後，胡銓出任衡州知州。宋孝宗即位，知饒州，歷任國史院編修官、兵部侍郎等。隆興元年（一一六三）正月，胡銓「遷秘書少監，四月，擢起居郎兼侍講國史編修官，……又請移都金陵。」乾道六年（一一七〇）春，胡銓出任泉州，朝廷「趣令奏事，上曰：「每思卿直諒，今朕恢復之志已決。」公曰：「陛下嘗欲移蹕金陵，何爲中輟？」」曾向朝廷獻上所著《易傳拾遺》《春秋集善》《周官解》《禮記解》等。淳熙七年（一一八〇）卒，追贈通議大夫，謚忠簡。胡銓作品散佚不少，有《胡澹庵先生文集》《澹庵詞》《澹庵長短句》傳世。

《胡澹庵先生文集》卷首有胡銓學生楊萬里撰寫的序《宋胡忠簡先生文集舊序》，其後列有江西廬陵、吉水、泰和、永新、龍泉、萬安、安福、蓮花、雩都、興國、會昌、安遠等十二縣共七十八人的「恭訂名次」；再後《目録》，《目録》後有《胡忠簡公史傳論》，内容與《宋史》本傳有所不同。卷一、二「論」，卷三「雜撰」，卷四「雜著」，卷五「策」，卷六「制誥」，卷七、八「奏疏」，卷九、十、十一「書」，卷十二、十三、十四「小柬」，卷十五、十六「序」，卷十七、十八、十九「記」，卷二十「疏」，卷二十一「詩」，卷二十二「青詞」「祝文」「祭文」，卷二十三至三十「墓志銘」，卷三十一「傳」「行狀」，卷三十二「題跋」。

楊萬里撰寫的序，對《文集》的編纂及刊刻做了詳細記録：『先生既殁，後二十年，其子澥與其族孫秘，裒集先生之詩文若干卷，目曰《澹庵文集》，欲刻板以傳，貧未能也。之官中都，舟過池陽，太守蔡侯必勝相見，因問家集，慨然請其書刻之，命郡文學周南、董振之，學録何巨源校讎之，未就，而蔡侯移官山陽，雷侯孝友、顔侯棫踵成之。』從序中可得知胡銓文集是由胡銓之子胡澥及胡銓的族孫胡秘等編輯而成的，并由蔡必勝等人出資出力刊刻問世。乾隆十一年（一七四六），清齊召南曾云：『公所著《澹庵集》百卷，後多散佚。今公孫侍御静圖（胡定）、巡檢亮采（胡逢盛）、文學龍篆、騎屋（胡廷楝）、元長（胡近仁）、睿文（胡紹虞）、映奎（胡鍾蘭），裒其遺文，得三十二卷，率族人梓以行世，屬召南爲序。乾隆二十一年，符乘龍（字萬斯）再作集序，引胡澐語，謂著者遺文散佚已久，「有族弟鍾蘭游東粤，得一抄本於家静園先生處」，於是屬其校閲，得文三十餘卷付梓。』可知三十二卷本成書和流傳較晚，當爲收拾於殘缺之餘而形成的。

在三十二卷本外，還有一個六卷本流傳較廣，這就是《四庫全書》所收録的《澹庵文集》。六卷本是胡銓裔孫、明末胡接輝所裒集，未及刊行即由明入清，故僅以抄本流傳。《四庫總目》著録的馬裕家藏本即爲六卷本，當爲傳抄本中的一種。

除三十二卷本和六卷本外，還有其他卷版本的記載，如一百卷本，周必大的《胡忠簡公銓神道碑》和楊萬里的《胡公行狀》有記載，《宋史》卷三百七十四『列傳』也記載爲一百卷，但在卷二〇八『藝文七』中，則記載爲七十卷。另據孫樹枃編、陸心源批訂《帶經堂書目》卷四上載，《胡忠簡先生文選》九卷；清人張金吾《愛日精盧藏書志》卷三十一載，《胡忠簡先生文選》九卷傳世；曹溶《静惕堂書目》載，《胡銓澹庵集》七十八卷；傅增湘編《雙鑑樓善本書目》卷四『集部』載，《澹庵胡先生文集》二十五卷；《胡忠簡公文集》補遺三卷、附録三卷（乾隆五十二年餘杭官署巾箱本）等等。

《金陵全書》收録的《胡澹庵先生文集》以南京圖書館藏清乾隆二十二年刊刻的三十二卷本爲底本原大影印出版，并將乾隆五十二年餘杭官署《胡忠簡公經解》刻本書末的《文集補遺》三卷、《文集附録》三卷附後。

夏漢寧

胡澹庵先生文集

宋胡忠簡先生文集舊序

故澹庵先生資政殿學士　簡胡公中興人物未能或之雙也紹興戊午高宗皇帝以顯仁皇太后駕未返不得已將以大事小屈尊議和先生上書力爭至乞斬宰相在廷大驚金人聞之募其書千金三日得之君臣奪氣知中國有人奉皇太后以歸自是金兵不少者二十年昔魯仲連不肯帝秦秦軍聞之却五十里後人疑之以爲說士之夸辭以今揆古古爲夸矣以今觀今今亦夸乎信所見疑所聞古今一也吾

宋之安疆不以百萬之師而以先生之一言後之人
聞之者焉知不若今之人聞仲連之事者乎亦以爲
夸未可知也若今之人親見先生之事則誰以爲夸
者今事之夸與否可信與否不較也使後之人無所
疑於古者先生與今不信古古奚病焉後不信今必
當有時而無不信者逢其事思其人嗚呼先生之事
其遠矣哉先生之功其遠矣哉先生之文肖其爲人
其議論閎以挺其序記古以則其代言典而嚴其書
事約而悉其爲詩葢自抵斥時宰謫置嶺海愁狖醋

骨饑鳥血牙風呻雨喟濤譎波詭有非人間之所堪耐者宜養於心而反昌於詩視李杜夜郎夔府之音益加恢奇云至於騷辭涵范嶄崒鉢劇刻屈抉天之幽洩神之秘槁瘦而不瘁悁愀而不懟自宋玉而下不論也靈均以來一人而已夫是數者得其一猶足以行於今而傳於後况萃其百乎何其盛也先生既歿後二十年其子澥與其族孫秘裒集先生之詩文若干卷目曰澹庵文集欲刻板以傳貧未能也之官中都舟過池陽太守蔡侯必勝相見因問家集慨然

請其書刻之命郡文學周南董振之學録何巨源校讐之未就而蔡侯移官山陽雷侯孝友顔侯棫踵成之嗟乎先生之功被於華夏名震金人文範於學者學者得其片言半簡猶寶之師之求見其書之全何可得也今三侯獨能刻而傳之以畀學者夫先生此集爲之百年而始成使學者得之今乃一日而盡見三侯之用心可不謂之猶賢矣哉萬里嘗學於先生者先生之言曰道六經而文未必六經者有之矣道不六經而文必六經者無之先生之文其所自出盖

淵矣哉而萬里何足以知之先生廬陵薌城人諱銓
字邦衡澹庵其自號也若其世系歷官行事則丞相
益國周公書之於神道碑云慶元五年巳未八月廿
八日通議大夫寶文閣待制學士致仕門人楊萬里
序

叅訂名次

環州種德吉水　井頭清湖廬陵
湅溪敦叙泰和　高村[illegible]安福
北郭永思永新　新林五聚龍泉
石獅崇恭龍泉　草龍端本萬安
草龍敦本萬安　井邊世德蓮花
高塘叙倫廬陵　北溪至中廬陵
繞州至中廬陵　赤崗愛敬泰和
皃塘立本泰和　坊長敦叙龍泉

高檢尚德泰和　聳源世承泰和
溶江中和永新　田塅世慶吉水
洋田時思廬陵　坪背思敬泰和
源塘元倫萬安　泉塘敦厚廬陵
中村憲節吉水　西溪崇本泰和
潺溪介節龍泉　良溪崇本龍泉
新溪崇仁龍泉　小山文溪泰和
南龍崇興泰和　馮嶺仁義泰和
上江思本泰和　陽坵清本泰和

坪上思仁泰和　坪上叙倫泰和
北溪叙倫泰和　大塘崇本盧陵
嶺上樂善盧陵　黄岡集盛盧陵
寨前懷德盧陵　田塅積善吉水
冶潭崇德盧陵　富田錫榮盧陵
源溪崇德泰和　車田[redacted]盧陵
龍泉岐山州龍泉　會昌見潭會昌
雩都上干雩都　黄潭坳上安遠
龍田嚴溪興國　沙上忠簡堂吉水

宗諫藎夫會昌見潭　文貫會一會昌
其昌體元泰和高田　宗思學聖泰和下龍
朝佑敔皇廬陵敖城　景禧聚凡吉水孔巷
湛彷雲吉水孔巷　樂珠龍翔泰和爐下
大發健也廬陵高塘　尚珽佑廷龍泉新林
命衡靜山泰和勘溪　必漢雲章泰和白水
緝亭文吉吉水赤岡　光國自求泰和勘溪
兆元洪九萬安草龍　添常貴所龍泉新林
恩寵青雲吉水小陂　光任廷宣廬陵寨前

維新德周盧陵歷山　一庭賓來泰和冠朝
文鑑惠萬吉水田塅　忠理崇文泰和嶨溪
傳汪弘猷盧陵富田　希允能三泰和九城
仁道毅士吉水田塅　東邊忠簡堂吉水

胡澹庵先生文集

三

胡澹庵先生文集目録

卷五

卷七
奏疏

卷十

書

十三卷

小柬

卷十四

小柬

卷十五

序

卷十六

序

卷十七

記

卷十八

記

卷十九

記

卷二十二

青詞

祝文

祭文

卷二十三

墓誌銘

卷二十四

卷二十六

墓誌銘

卷二十七

墓誌銘

卷二十八

墓誌銘

胡忠簡公史傳論

胡忠簡公銓字邦衡廬陵人建炎二年高宗策士維揚問治道本天天道本民公答云湯武聽民而興桀紂聽天而亡今陛下起干戈鋒鏑間外亂內訌而策臣數十條皆質之天不聽於民又謂今宰相非晏殊樞密參政非韓琦杜衍范仲淹策萬餘言高宗見而異之將冠之多士有忌其直者移置第五授撫州軍事判官未上會隆祐太后避兵贛州金人躡之銓以槽檄攝本州幕募鄉丁助官軍捍禦第賞轉承直郎

丁父憂從鄉先生蕭楚學春秋紹興五年張浚開督府辟之北倉屬不赴有詔赴都堂審察兵部尚書呂祉以賢良方正薦賜對除編修官八年宰臣秦檜決策主和金使以詔諭江南爲名中外洶洶公抗疏言曰臣謹按王倫本一狎邪小人市井無賴頃緣宰相無識遂舉以使虜專務詐誕欺罔天聽驟得美官天下之人切齒唾罵今者無故誘致虜使以詔諭江南爲名是欲臣妾我也是欲劉豫我也劉豫臣事醜虜南面稱王自以爲子孫帝王萬世不拔之業一旦豺

狼改慮捽而縛之父子爲虜殷鑒不遠而倫又欲陛下效之夫天下者祖宗之天下也陛下所居之位祖宗之位也奈何以祖宗之天下爲金虜之天下以祖宗之位爲金虜藩臣之位陛下一屈膝則祖宗廟社之靈盡汙夷狄祖宗數百年之赤子盡爲左衽朝廷宰執盡爲陪臣天下士大夫皆當裂冠毀冕變爲胡服異時豺狼無厭之求安知不加我以無禮如劉豫也哉夫三尺童子至無識也指犬豕而使之拜則怫然怒今醜虜則犬豕也堂堂大國相率而拜犬豕曾

童孺之所羞而陛下忍爲之耶倫之議乃曰我若屈膝則梓宮可還太后可復淵聖可歸中原可得嗚呼自變故以來主和議者誰不以此說啗陛下哉然而卒無一驗則虜之情僞已可知矣陛下尚不覺悟竭民膏血而不恤忘國大讐而不報含垢忍耻舉天下而臣之甘心焉就令虜决可和盡如倫議天下後世謂陛下何如主況醜虜變詐百出而倫又以奸邪濟之梓宮决不可還太后决不可復淵聖决不可歸中原决不可得而此膝一屈不可復伸國勢凌夷不可

復振可為痛哭流涕長太息矣向者陛下間關海道
危如纍卵當時尚不忍北面臣虜況今國勢稍張諸
將盡銳士卒思奮只如頃者醜虜陸梁僞豫入寇固
嘗敗之於襄陽敗之於淮上敗之於渦口敗之於淮
陰較之往時蹈海之危固已萬萬倘不得已而至於
用兵則我豈遽出虜人下哉今無故而反臣之欲屈
萬乘之尊下穹廬之拜三軍之士不戰而氣已索此
魯仲連所以義不帝秦非惜夫帝秦之虛名惜天下
大勢有所不可也今內而百官外而軍民萬口一談

皆欲食倫之肉謗議洶洶陛下不聞正恐一旦變作禍且不測臣竊謂不斬王倫國之存亡未可知也雖然倫不足道也秦檜以腹心大臣而亦爲之陛下有堯舜之資檜不能致君如唐虞而欲導陛下爲石晉近者禮部侍郎曾開引古誼以折之檜乃厲聲責之曰侍郎知故事我獨不知則檜之遂非愎諫已自可見而乃建白令臺諫侍臣僉議可否是蓋畏天下議已而令臺諫侍臣共分謗耳有識之士皆以爲朝廷無人吁可惜哉孔子曰微管仲吾其被髮左衽矣夫

管仲霸者之佐耳尚能變左衽之區而爲衣裳之會秦檜大國之相也反驅衣冠之俗而爲左衽之鄉則檜也不唯陛下之罪人實管仲之罪人矣孫近傅會檜議遂得參知政事天下望治有如饑渴而近伴食中書漫不敢可否事檜曰虜可和近亦曰可和檜曰天子當拜近亦曰當拜臣嘗至政事堂三發問而近不答但曰已令臺諫侍從議矣嗚呼參贊大臣徒取充位如此有如虜騎長驅尚能折衝禦侮耶臣竊謂秦檜孫近亦可斬也臣備員樞屬義不與檜等共戴

天區區之心願斷三人頭竿之藁街然後覊留虜使責以無禮徐興問罪之師則三軍之士不戰而氣自倍不然臣有赴東海而死爾寧能處小朝廷求活耶

書上檜以銓狂妄凶悖鼓刼持衆詔除名編管昭州仍降詔播告中外給舍臺諫及朝臣多救之者檜迫於公論乃以銓監廣州鹽倉明年改簽書威武軍判官十二年諫官羅汝楫劾銓飾非横議詔除名編管新州十八年新州守臣張棣訐銓與客唱酬謗訕怨望移謫吉陽軍二十六年檜死銓重移衡州銓之初

上書也宜與進士吳師古鋟木傳之金人募其書千金其謫廣州也朝士陳剛中以啟事爲賀其謫新州也同郡王廷珪亦以詩贈行皆爲人所訐師古流袁州廷珪流辰州剛中謫知虔州安遠縣遂死焉三十一年銓得自便孝宗即位復奉議郎知饒州召對言修德結民練兵觀釁上曰久聞卿直諒除吏部郎官隆興元年遷秘書少監擢起居郎論史官失職四一謂注記不必進呈庶人主有不觀史之美二謂唐制二史立螭頭之下今在殿東南隅言動未嘗得聞三

謂二史立後殿而前殿不立乞於前後殿皆分日侍立四謂史官欲其直前而閤門以未嘗預牒以今無班次乞自今直前言事不必預牒閤門及以有無班次爲拘詔從之兼侍講國史院編修因講禮記曰君以禮爲重禮以分爲重分以名爲重願陛下無以名器假人又進言乞都建康謂漢高入關中光武守信都大抵與人鬬不搤其吭拊其背不能全勝今日大勢自淮以北天下之吭與背也建康則搤之拊之之地也若進據建康下臨中原此高光興王之計也詔

議行幸言者請紓其期遂以張浚視師圖恢復侍御史王十朋贊之克復宿州大將李顯忠私其金帛且與邵宏淵忿爭軍大潰十朋自劾上怒甚銓上疏願毋以小衄自沮時旱蝗星變詔問政事缺失銓應詔上書數千言始終以春秋災異之法言政令之闕有十而上下之情不合亦有十且言堯舜明四目達四聰雖有共鯀不能塞也秦二世以趙高爲腹心劉項横行而不得聞漢成帝以王莽王氏移鼎而不得聞靈帝以何武陳蕃天下横潰而不得聞梁武信朱异

侯景斬關而不得聞隋煬帝信虞世基李密稱帝而不得聞唐明皇逐張九齡安史胎禍而不得聞陛下自即位以來號召逐客與臣同召者張燾辛次膺王大寶王十朋今燾去矣次膺去矣十朋去矣大寶亦且去惟臣在爾以言爲諱而欲塞灾異之源臣知其必不能也銓又言昔周世宗爲劉旻所敗斬失律將何徽等七十人軍威大震卒敗旻取淮南定三關夫一日戮七十將豈復有將可用而世宗終能恢復豈非庸儒者去則勇敢者出耶近宿州之敗士死敵者

滿野而諸將以金賄權貴以自解上天見變昭然然
陛下非信賞必罰以應天不可其論納諫曰令廷臣
以箝默爲賢容悅爲忠馴至興元之幸廝謂一言喪
邦帝曰非卿不聞此金人求成銓曰金人知陛下銳
意恢復故以甘言款我願絶口勿言和字帝以邊事
全倚張浚而王之望尹穡等主和排浚銓廷責之兼
權中書舍人同修國史張浚之子栻賜金紫銓繳奏
之謂不當如此待勳臣子浚雅與銓厚不顧也十一
月詔以和戎遣使大詢於庭侍從臺諫預議者凡十

四人主和者半可否者半言和不可者銓一人而已乃獨上一議曰京師失守自耿南仲主和二聖播遷自何㮚主和維揚失守自汪伯彥黃潛善主和完顔亮之變自秦檜主和議者乃曰外雖和而内不忘戰此權臣誤國之言也一溺於和不能自振尚能戰乎除宗正少卿乞補外不許先是金將蒲察徒穆大周仁以泗州降蕭琦以軍百人降詔並爲節度使銓言受降古所難六朝七得河南之地不旋踵而皆失梁武時侯景以河南來奔未幾而陷臺城宣政間郭藥

師自燕雲來降未幾爲中國患今金之三將內附第
高其爵禄優其部曲以繫中原之心善矣若處之近
地萬一包藏禍心或爲內應後將噬臍願勿任以兵
柄遷其衆於湖廣以絕後患二年兼國子祭酒尋除
權兵部侍郎八月上以災異避殿減膳詔廷臣言闕
政急務維以振災爲急務議和爲闕政其議和之言
曰自靖康迄今凡四十年三遭大變皆在和議則醜
虜之不可與和明矣肉食鄙夫萬口一談牢不可破
非不知和之害而爭言爲和者有三說焉曰偷懦曰

苟安曰附會偷懦則不知立國苟安則不戒酖毒附會則覬得美官小人之情狀具於此矣今日之議若成則有可弔者十若不成則有可賀者亦十請爲陛下極言之何謂可弔者十眞宗皇帝時宰相李沆謂王旦曰我死公必爲相切勿與虜和吾聞出則無敵國外患如是者國恒亡若與虜和自此中國必多事矣旦殊不以爲然既而遂和海內虛耗旦始悔不用文靖之言此可弔者一也中原謳吟思歸之人日夜引領望陛下拯溺救焚不啻赤子之望慈父母一與

虜和則中原絶望後悔何及此可弔者二也海泗今日之藩籬咽喉也彼得海泗且決吾藩籬以瞰吾室扼吾咽喉以制吾命則兩淮決不可保兩淮不保則大江決不可守大江不守則江浙決不可安此可弔者三也紹興戊年和議既成檜建議遣二三大臣如路允迪等分往南京等州交割歸地一旦叛盟刼執允迪等遂下親征之詔虜復請和其反覆變詐如此檜猶不悟奉之如初事之愈謹賂之愈厚卒有逆亮之變驚動輦轂太上謀欲入海行朝居民一空覆轍

不遠忽而不戒臣恐後車又將覆也此可弔者四也紹興之和首議決不與歸正人口血未乾盡變前議凡歸正之人一切遣還如程師回趙良嗣等聚族數百幾爲蕭墻憂今必盡索歸正之人與之則反側生變不與則虜決不肯但已夫反側則肘腋之變深虜決不肯但已則必別起釁端猝有逆亮之謀不知何以待之此可弔者五也自檜當國二十年間竭民膏血以餌犬羊迄今府庫無旬日之儲千村萬落生理蕭然重以蝗蟲水潦自此復和則蠹國害民殆有甚

焉者矣此可弔者六也今日之患兵費已廣養兵之外又增歲幣且少以十年計之其費無慮數千億而歲幣之外又有私覿之費私覿之外又有賀正生辰之使賀正生辰之外又有泛使一使未去一使復來生民疲於奔命帑廩涸於將迎㾃中國以肥虜陛下何憚而爲之此其可弔者七也側聞虜人過望欲書御名欲去國號大字欲用再拜議者以爲繁文小節不必計較臣竊以爲議者可斬也夫四郊多壘卿大夫之辱楚子問鼎義士之所深耻獻納二字富弼以

死爭之今醜虜横行與多壘孰辱國號大小與咢輕
重孰多獻納二字與再拜孰重臣子欲君父屈已以
從之則是多壘不足辱問咢不必恥獻納不必爭此
其可弔者八也臣恐再拜不已必至稱臣稱臣不已
必至請降請降不已必至納土納土不已必至啣璧
啣璧不已必至輿櫬輿櫬不已必至如晉帝青衣行
酒然後爲快此其可弔者九也事至於此求爲匹夫
尚可得乎此其可弔者十也竊觀今日之勢和决不
成尚乾剛獨斷追田吏皆魂已東胥等色青知之義

以鼓戰士下哀痛之詔以收民心天下庶乎其可爲矣如此則有可賀者亦十省數千億之歲幣一也專意武備足食足兵二也無書名之耻三也無去大之辱四也無再拜之屈五也無稱臣之忿六也無請降之禍七也無納土之悲八也無銜璧輿櫬之酷九也無青衣行酒之寃十也去十弔而就十賀利害較然雖三尺童穉亦知之而陛下不悟春秋左氏謂無勇者爲婦人今日舉朝之士皆婦人也如以臣言爲不然乞賜流放竄殛以爲臣子出位犯分之戒自符離

之敗朝論急於和戎棄唐鄧海泗四州與虜矣金又欲得商秦地邀歲幣留使者魏杞分兵攻淮以本職措置浙西淮東海道時金使僕散忠義紇石烈志寧之兵號八十萬劉寶棄楚州王彥棄昭關濠滁皆陷惟高郵守臣陳敏拒敵射陽湖而大將李寶預求密詔爲自安計擁兵不救銓劾奏之曰臣受詔令范榮備淮李寶備江緩急相援今寶視敏弗救若射陽失守大事去矣寶懼始出師犄角時大雪河冰皆合銓先持鐵鎚鎚冰士皆用命金人遂退□提舉太平

興國宮乾道初以集英殿修撰知漳州改泉州趣奏
事留爲工部侍郎入對言少康以一旅復禹績今陛
下富有四海非特一旅而即位九年復禹之効尚未
赫然又言四方多水旱左右不以告謀國者之過也
宜令有司速爲先備乞致仕七年除寶文閣待制留
經筵求去以敷文閣直學士與外祠陛辭猶以歸陵
寢復故疆爲言上曰朕志也且問今安歸銓曰歸廬
陵向在嶺海訓傳諸經欲成此書特賜犀帶寵之銓
歸上所著易春秋周禮禮記解詔藏秘書省尋復原

官升龍圖閣學士提舉太平興國宮轉提舉玉龍萬壽宫進端明殿學士提舉六年召歸經筵銓引疾力辭七年以資政殿學士致仕薨謚忠簡有澹庵集一百卷行於世孫槼䂓皆官至尚書

論曰秦檜執國柄其誤宋大計固無以議爲也張九成之策胡銓之疏忠義凛然廖剛請復用德望之人豈苟阿時好者哉李迨趙開所謂可使治其賦也與

胡澹庵先生文集卷之一

宜川後學符秉龍斯萬　校閱

宋廬陵胡銓著　鍾蘭映奎　紹虞脩文

澐龍篆　廷棟騎屋

嗣孫　定静園　近仁元長　編輯

逢盛亮釆　值夏道院　永陽院背　仝訂

論

漢高帝論

嘗讀史見漢高帝寬仁愛人意豁如也以爲高帝天

資魁磊無纖芥意忌真待物以不疑者至反覆推見至隱似非真以不疑待人蓋矯爲不疑以收人心爾不若孝文真以不疑待人者也然提三尺角逐項羽不數載取天下若是之速何也以能矯爲不疑間羽之疑也使羽向亦能矯爲不疑以收人心則楚漢殆蚌鷸之持未可輕雌雄也夫楚之有范增猶漢之有三傑也增欲帝楚與三傑之謀帝漢等也楚漢之帝不帝非於羽之亡漢之帝而見也范增一死而楚之亡形已兆三傑一用而漢之帝業已若牢不可拔故

增之死以羽疑也羽之疑漢間之也漢非不疑其臣
以楚未亡不可以疑楚非固疑其臣以漢之間不能
不疑是高帝所以爲不疑者非誠也矯也羽之所以
疑者非心也間也向使羽亦間漢則三傑者亦楚之
亞夫耳故嘗竊高帝之用心雖若推赤心置人腹中
嘗見其其意忌權譎而當時不疑也非惟羣臣諸將
不疑也雖㝉如良平不疑也是高帝巧於矯也方成
皐之窘酈生謀撓楚權請立六國後以植黨留侯以
爲不可當是時三尺童子知不可也帝雖趣銷印而

遲疑隱忍方取決於陳平非以留侯爲短於畫也意留侯利在解六國之黨以固楚之權也子房且不宜與項羽俱亡肯爲沐猴也哉京索之間漢楚相距勢若不暇給方且數遣使勞苦蕭相國於關中賴鮑生計何乃舉宗從漢帝以大悅夫何誠反虜哉向漢王數失軍亡食關中一操足則山東非漢有矣獨乘京索之危何耶韓淮陰在滎陽時無他變也彼知我有警一傳檄即來矣帝自稱使者晨入其壁而奪之軍是付之以百萬之命而不能置一介之疑彼顧幸吾

之禍拱而觀變則睢水之敗肯收兵與吾會哉是帝之所以待三傑顧不如孝文之遇絳灌矣然而躡足之悟猶爲飾詞視若吾無他腸者是眞矯也夫陳平於時固不在三傑之列其籌畫亦固不若子房且不免疑則平可知矣然帝於平寵任過數似將開胸見誠心不異口雖諸將如絳灌等讒蝎百出不搖如山奇謀秘計平往往獨權之而帝不疑也雖平亦自謂帝不疑也及呂后問百歲後誰可以代蕭何者則曰王陵可陳平可以助之且曰平智有餘然難獨任則

其平生疑平者蓋如此其深何其思慮周密而機不露也是真巧於矯也晚節帝益意忌淮陰以楚反韓王信以馬邑反陳豨以代反黥布以淮南反盧綰以燕反異時老將故人耘除畧盡雖蕭相國且不免請室之辜獨留侯以辟穀計僅得免使當滎陽成皋時項羽方強亞夫無恙六七公者皆思叛則漢之為漢亡可翹足而待耳然則帝之所以矯為不疑者非故矯也權也雖然此亦留侯有以啟之方帝居南宮也見諸將或偶語以問良良曰此諸將爭功故相聚謀

反耳夫秦以偶語之禁至鉗天下口以及望夷之禍彼諸將爭功則有之矣見其爭功便謂其偶語爲謀反耶則周人之誅羣飲凡相與飲酒者皆將執而殺之乎子房之言過矣帝之忌子房敬之也嗟夫不疑於物物亦誠焉吴王濞在當時未反也一疑其反果亂於五十年後有天下國家者雖使寬容大度如高帝而不能去疑其禍可勝言哉

吴楚論

春秋志夷狄於吴楚獨詳以爲吴楚皆大國也吴爲封豕長蛇薦食上國而楚奄有荆蠻淩轢中夏獨甚故聖人謹而志之常防其漸而懲其僭竊桀驁也成七年吴伐郯始見於經十五年會於鍾離則始與中國通好而已至哀十三年會於黄池則已駸駸逼華夏矣故聖人書始其始伐郯欲中國制御其漸然而不少忌憚卒有黄池之盟惡中國不能攘夷狄使吴得以主夏盟也不書公會晉侯及吴子於黄池不與

夷狄之盟中國也楚則又甚矣莊十年書荆敗蔡師於莘荆始見耳至僖元年書楚人伐鄭則楚遂稱人也四年書屈完來盟召陵則楚遂稱其臣姓氏也十九年冬會陳蔡楚鄭盟於齊則楚遂會盟矣二十年宋公楚子陳蔡鄭許會於盂則楚遂書子寖以強大自是始率列國伐人矣二十七年書曰楚人陳侯蔡侯鄭伯許男圍宋用見諸侯纍纍受制夷狄然聖人不與其伐人書曰楚人罪之也故二十八年楚殺其大夫得臣書其臣而又不言氏甚惡楚之寖以強大

也及文九年楚子使椒來聘則其於聘始書爵然其臣又不氏不以中國待之所以見夷狄强而諸夏微以爲如此而不制則噬臍之禍不可爲矣於是宣十一年遂主盟焉書曰楚子陳侯鄭伯盟於辰陵罪中國不能制夷狄而又服屬之也自是不復可言矣雖其大夫亦主盟矣成二年公會楚公子嬰齊盟於蜀惡其大夫主盟所以深罪中國之諸侯也至昭四年會於申於是乎楚會諸侯爭長諸夏遂至執徐子滅賴滅陳滅蔡伐徐至定四年天王遣劉文公合十七

國之師於召陵僅足侵其疆耳由是觀之申之會黃池之盟吳楚之張大於是甚矣向使中國制之得術何至是哉聖人於二國獨始終而詳志之以爲後之興衰撥亂者之戒也故曰撥亂世反之正莫近於春秋

漢相論

西漢之興二百餘年其宰相獨稱蕭曹丙魏何也竊究其故自高帝而下其臣欲有爲而其主不足與有爲文景武昭有可爲之時而其臣或不足與有爲元成哀平則主臣俱不足與有爲矣惟孝宣之世君臣適相遭故其建立有可道者焉嗚呼其難哉方漢之初酇侯以沛相爲相國開基之初何實爲冠是時曹參未相也至惠帝二年何死而參始相史官謂蕭曹爲冠者妄也然則高帝之世獨相蕭何一人而已豈

不謂難其人耶參相四年而王陵代爲右丞相陳平爲左平長於謀而陵亦剛正有守終惠帝之世無大施設非智於前而愚於後知帝廹於呂氏不可以有爲也及呂后元年陵遷太傅平遂代爲右而審食其爲左是時諸呂張矣辟陽具位固無足言而平亦唯唯何哉知呂后猶在有待而後發也呂后今日死而明日平與太尉勃誅諸呂立文帝矣以是知惠帝高后其臣欲有爲而其主不足與有爲也孝文之元年平爲左勃爲右二年而平死三年而勃免灌嬰自太

尉代之漢興至是二百餘年公卿皆軍吏嬰㐌張蒼代之蒼以病免申屠嘉代之帝好儒書而嬰起鞍馬帝好循吏而蒼喜法律帝舉賢良而嘉無術學堂陛之間常不相堪至於孝景陶青周亞夫劉舍衛綰相繼居衛亞夫鯁挺敢爭大體然不知權變綰敦厚可相少主然無能建明文景治幾三代而卒不能臻其極者無三代之佐也武帝則又下文景一等其臣亦從可知矣自衛綰以舊臣免建元則竇嬰許昌田蚡元光則薛澤元朔則公孫弘元狩則李蔡嚴青翟元

鼂則石慶大初則公孫賀征和則劉屈氂田千秋然貌其武安其進賢可與也短於識平津儒學可與也短於剛牧卬謹審可與也短於畧葛繹不受相印可與也短於果至若彭侯之亡綬富民之搖蠱又瑣屑不足科矣許昌薛澤嚴青翟趙周之徒與夫孝景之陶青劉舍雖不槪見然踽踽廉謹爲相倫員亦畧見於申屠嘉傳而史氏爲李蔡人品出李廣下遠甚則其風采亦可想見自是以後王訢楊敞蔡義相繼元鳳元平之間無他大畧謹守霍光之約束議者謂光

置相不選賢則孝昭之佐又下孝武時一等矣以是知文景武昭有可爲之時而其臣或不足以有爲也其後元帝則韋元成康衡然無救恭顯之亂衡又從而附之成帝則王商張禹薛宣翟方進孔光馬宮然無救王氏之亂禹又從而和之哀帝則朱博平晏王嘉孔光然無救卞傅之亂博又從而導之至孝平而新都之羽翼已成區區若馬宮平晏何益成敗以是知元成哀平臣主俱不足以有爲也盛哉孝宣之烈也本始則韋賢之守正地節則魏相奉故事神爵則

丙吉知大體五鳳則黃霸總紀綱甘露則定國明政事然賢則賜金以免霸則功名損於治郡定國又事帝日淺惟丙魏同心輔政以功名始終廟堂密勿畧無間言由漢以來未之有也故嘗論君臣相得之難古人謂之千載一時得君如鄧侯不免下吏文景待臣有禮而絳侯父子之忠繼踵入徵武帝之佐十三人坐事免者大半公孫萬石僅以柔佞免然數被譴矣元成哀平間如王商王嘉庶幾名宰商以憤死嘉以直死朱博以罪死安昌之徒雖容容保寵死者相

望孔光再爲相亦再斥免其固位可知也漢興獨韋
平父子至宰相然功名文采亦少貶焉由是言之孝
宣中興丙魏有聲豈不謂君臣相遇耶嗚呼其難哉

胡澹庵先生文集　卷一

十

水戰論

某竊謂兵聖人不得已而用葢危道也不得已而用危道不於平原曠野而角勝負於舟楫洶湧没溺之間其爲危道又甚焉故三代之師不聞有舟師水鬭之役而始見於春秋至秦漢以來多用焉故曰春秋無義戰危之也夫兵出危道十出而九敗不得已而用之不可輕也故古之用舟師水鬭以爭利者事不素講不戰不預偹不戰不出奇不戰不據地勢不戰合是數者將非其人不戰反是而謀動干戈必亡之

道也夫是之謂危道愚不佞嘗學春秋謹按春秋舟師之役大抵皆吴楚也昭四年吴伐楚楚沈尹射奔命於夏汭六年秋楚使薳洩伐徐吴人救之令尹子蕩師於豫章十三年楚師還自徐吴人遂敗諸豫章十六年吴伐楚楚敗吴於長岸十九年楚又爲舟師以伐濮二十四年楚又爲舟師以畧吴定二年楚囊瓦又師於豫章以伐吴及定四年栢舉之戰楚師大敗而吴遂入郢夫自昭四年至定四年三十餘年間大小數十戰吴常勝而楚卒以大敗焉非有他也吴

楚悉出於危道吳得所以涉危道者而楚常易之不敗何爲也何則古人所以待敵備寇常先爲不可勝之計當吾未戰之前已若必勝者治之精講之熟也漢武曹魏皆英雄主也其戰未嘗不先計後動漢之伐越則大修昆明池以治樓船魏武欲伐吳則大作元武池以肄舟師蓋不敢以輕也如此況吳楚交兵久矣自昭王即位無歲不有吳師吳又日夜計其民而戒其事有先王之乘舟艅皇以待之而楚方且區區燧象以備吳一舉而敗塗地是謂事不素講則不

可以戰晉武謀舉吳詔益州刺史王濬修舟艦濬作大船連舫極舟楫之盛建平太守謂孫皓宜增建平兵以備之皓不從自是七年至太康元年濬乃發自成都斷橫鏁長錐之距兵不血刃攻無堅城順流一鼓而夏口武昌聞風破解孫氏遂有石頭之禍向使晉無七年之備吳有建平之守雖百王濬其爲何哉故吳自成公七年兵入州來楚自襄三年嬰齊伐吳其潛謀覬覦如此之久也吳又師於豫章又潛師於巢舍舟於淮汭又陳於柏舉設防備敵如此之廣也

而楚人方且囂然卜戰徒欲漢毀吳舟計亦晚矣安得而不敗哉是謂不豫備則不可以戰曹公入荆州劉表子琮舉衆降操得水軍步兵數十萬吳將士皆恐議者皆謂孫權曰將軍大勢可以禦操者長江也今操得荆州水陸俱下此謂長江之險已與我共之矣而力不敵不如迎之周瑜不可曰操舍鞍馬仗舟楫與吳爭衡本非中國所長而操冒行之得精兵三萬人進住夏口自足制之會肅亦以爲然是時先主爲操所破欲引南渡遣諸葛詣權權遣瑜等與先主

并力逆曹公遇於赤壁瑜將黃蓋乃取蒙衝鬬艦數十艘安以薪草灌以膏油裹以帷幕上建牙旂欺曹公以欲降又豫備走舸引次俱前曹公吏士皆延頸觀望指言蓋降未幾諸船火作風盛延燒曹營煙燄漲天軍遂大敗此兵法所謂震霆不及塞耳者蓋奇道也夫以吳楚之戰吳人見舟於豫章而師於巢以軍軍楚師於豫章栢舉之役吳人舍舟於淮汭而自豫章與楚夾漢皆奇道也而楚乃欲塞漢東之隘道以疲之敗亦宜矣是謂不出奇則不可以戰秦之屠

六國也告楚魏曰蜀之甲乘船浮於汶乘夏水而下
江五日而至郢漢中之甲乘船出於巴乘夏水而下
漢四日而至五渚又乘夏水浮輕舟決滎口魏無大
梁決白馬之口魏無外黄決宿胥之口魏無須頓丘
自是楚魏皆震慴請服者以秦地勢便用兵易也方
長岸之戰楚自謂我得上流大敗吳師必矣然所獲
乘舟艅皇卒以亂師而大敗則雖據地勢之便而不
能用使吳光之謀得行焉是楚之利吳得而用之吳
安得而不勝哉是謂不據地勢則不可以戰漢南粤

呂嘉之叛也則衛尉路愽德爲伏波將軍出主爵桂陽都尉楊僕爲樓船將軍出豫章歸義侯粵人爲戈船下瀨將軍出零陵及閩粵王餘善之反也則橫海將軍韓說出東方樓船將軍楊僕出武林中尉王溫舒出梅嶺粵侯爲戈船下瀨將軍出白沙至朝鮮王右渠之亂也則樓船將軍楊僕浮勃海左將軍荀彘出遼及交趾側貳之猖獗也則伏波將軍馬援擊交趾樓船將軍段志寧出合浦當是時以攻則勝以戰則克路伏波宣威夜郎而勳高百粵馬伏波勒功銅

桂而威暘嶠南元鼎建武之閒號稱得人之盛然而當時朝鮮之役左將軍一非其人兩將爭功而幾至覆沒則將非其人禍可勝言也哉故以區區之吳有公子光之謀夫槩王之果而楚瓦不仁其臣莫有死志而欲當全吳之師雖甚愚者知其必敗矣雖司馬戌之區區其何救哉是謂將非其人則不可以戰反是皆必亡之道愚故舉吳楚之事反覆而詳言之以爲謀人之國者不可不知春秋

禁衛論

自古論禁衛之兵大概有四有以宰相而領之者有以宿將而領之者有以宗室而領之者有以外親而領之者晉嘗以外戚領禁衛矣羊琇典職十三年其計得也然漢上將軍祿相國產以肺腑之親握兵柄幾爲劉氏之禍漢嘗以宰相領禁衛矣周勃一入北軍卒安劉氏其計得也然唐昭宗誅宦官以崔嗣判六軍十二衛適以啟東遷之難漢嘗以宿將領禁衛矣李廣程不識俱東西衛尉其計得也然王叔文以

故將范希朝爲左右神策以奪宦者權適以召僖宗幸蜀之危漢嘗以宗室領禁衛矣東牟朱虛宿衛長安共誅祿產其計得也然唐昭宗畏藩臣跋扈以嗣覃王允典神策而興平五十四軍一日俱潰適以啟李茂正犯闕之變則宰相外戚宿將宗室又若不可以領宿衛矣是大不然安危在出令存亡繫所任任得其人則羊琇之謹審周勃之重厚程李之忠肅東牟朱虛之赤心雖處禁司不嫌於握兵之重任非其人則祿產之險賊何取於外戚崔嗣之庸昏何取於

宰相嗣單王允之駑才何取於宗室希朝之淺謀何取於故將故夫典禁衛者不必外戚得如羊琇則可不必宰相得如周勃則可不必宗室得如東牟朱虛則可不必宿將得如程李則可此漢武所以肅建章之衛而唐太宗所以嚴諸衛之軍誠知夫禁衛之不可輕也雖然漢武肅建章之衛其亡也兵移於奸臣太宗嚴諸衛之軍其亡也兵移於宦官兵移於奸臣其禍遲兵移於宦官其禍速方漢之季曹操於相府自置領軍後改爲中領軍乃使韓浩史渙同領禁衛

自是忠臣義士耘除畧盡靈獻之間北面朝者拱而觀變漢魏何擇焉彼見宗廟社稷之無與也執太阿而用其顚以司一世之命則漢之亡非既亡而後知也禁衛之權一移於奸臣之手而天下之大勢去矣然而靈獻猶擁虛器而曹操亦終身腹毒而色取仁及丕而後易姓其禍遲也唐之季始以禁衛假魚朝恩既又以假竇文塲已而又以假焦希望天護軍中尉中護軍皆古官也當時假寵奄寺兵奪於內亂訌於外李茂正一犯闕則殺一中尉王行瑜一犯闕則

殺一宰相乾建一犯闕則掃十六宅殺十一王自是朱全忠之難作於肘腋天子無一人之衛昭宗不終其身而唐以亡其禍速也禍之遲速不同而其亡同一轍故曰吾恐季孫之憂不在顓臾誠有味其言哉

卷之一畢

胡澹庵先生文集卷之二

宜川後學符秉龍斯萬　校閱

宋廬陵胡銓著

鍾蘭映奎紹虞賡文

澐龍篆廷棟騎屋

嗣孫　定靜園近仁元長　編輯

逢盛亮采值夏道院
永陽院背仝訂

論

審律論

臣聞司馬遷有言曰六律爲萬事根本其於兵械猶

重望敵知吉凶聞聲効勝負百王不易之道也臣嘗深愛遷之言律於兵械爲猶重而深惜後之言兵者止以戰鬬擊刺奇謀詭計爲可幸勝而不知吹律聽音爲百王不易之道此律之所以汨沒而學者未嘗道也夫律度量衡古也淵源於馬遷濫觴於班固劉昭挹其流孟康京房錢樂之之徒汨其泥而揚其波遷之言曰黄鐘之實八十一以爲宫而以九爲法實如法得長一寸則黄鐘爲九寸矣黄鐘之實十七萬七千一百四十七而以一萬九千六百八十三爲法

實如法亦得長一寸而黃鍾爲九寸矣然則十七萬七千一百四十七與夫所謂八十一者雖多少之不同而其實一也萬九千六百八十三與夫所謂九者雖多少之不同而其法一也又曰丑二寅八卯十六辰六十四夫丑與卯陰律也寅與辰陽律也生陰律者皆二所謂下生者倍其實生陽律者皆四所謂上生者四其實遷之言纔數百可謂簡矣而後之言律者祖焉是不亦淵源於馬遷乎固之言曰黃鍾之實八百一十分葢遷意也然以林鍾之實五百四十而

乃以爲三百六十大簇之實七百二十而乃以爲六百四十林鐘大簇之實以其長自乘則聲雖有大小同於黄鐘之宫耳然則魏曹王製律而與黄鐘商徵不合其失兆此矣夫自子一分終於亥十七萬七千一百四十七分葢遷術也而固亦曰太極元氣函三爲一始動於子參之於丑歷十二辰之數而得黄鐘之實以爲隂陽合德化生萬物其說葢有本矣然其言三分蕤賓損一下生大呂而不言夫所謂濁倍之變何也夫蕤賓之比於大呂則蕤賓清而大呂濁今

又損三分之一以生大呂則大呂之聲乃清於蕤賓
是不知夫倍大呂之濁然則蕭衍之論至於夾鐘而
裁長三寸七分其失兆此也是不亦濫觴於班固乎
昭之言曰推林鐘之實至十一萬八千九十八大簇
之實至十五萬七千四百六十四二乘而三約之者
爲下生之實四乘而三約之者爲上生之實此遷固
之意而昭則詳矣然以蕤賓爲上生大呂而大呂乃
下生夷則何也蓋昭之説陽生陰爲下生陰生陽爲
上生今以蕤賓爲上生大呂則是陽生陰乃上生也

以大呂爲下生夷則則是陰生陽乃下生也其弊亦由不知夫大大呂有濁倍之變則其視遷固去本遠矣是不亦挹其流於劉昭乎若夫孟康京房錢樂之之徒則又大不然矣夫班固以八十一分之實約未嘗有徑三圍九之說也康之徒惑於八十一分之實以一寸爲九十分而不察於方圓之異於是有徑三圍九之論興焉夫律之形圓如以爲徑三圍九則鈌其四角之方而不足於九分之數以之容黍豈能至於千二百哉然則所謂圍九者是謂圍九方分也何以

知之知龠之方則知黄鍾之分亦方也固雖無明説其論洛下閎起曆之法曰律容一龠積八十一寸則一日之分也夫八十一寸者是乃八百一十分以千二百黍納之龠中則不摇而自滿是無異黄鍾之容也龠之制方寸而深八分一龠之方則黄鍾之分安得而不方哉圜九寸分而圓之則徑不止於三分矣故夫徑三圍九之説孟康爲之也然由律生呂數十有二止矣京氏演爲六十錢樂之廣爲三百六十則與皇帝之法悖矣葢樂之用淮南之術一律而生五

音十二律而爲六十音因而六之故三百六十音以當一歲之日以黄鍾大簇姑洗林鍾南呂生三十有四以大呂夾鍾仲呂蕤賓夷則無射生二十有七應鍾生二十有八始於包育而終於安運然由黄鍾迄於壯進百有五十則三分損一焉以下生由依行迄於億兆二百有九則三分益二焉以上生惟安運爲終而不生其言與皇帝之法大相牴牾自遷固而下至是雜然莫適爲主至五季王朴而後議少定沈括蔣之奇論之當矣是不亦汩其泥而揚其波乎嗚呼

律也者固以實爲本而法爲末陛下修其實於上而有司方定法於其下以協天地中和之聲則夫數子者其說有可考焉臣敢輕雌黄哉

胡澹庵先生文集卷二十　三

大衍論

歐陽修論大衍以謂二氣升降有進退而無老少蘇軾易說亦曰易之所謂九六者老陰老陽之數也九爲老陽而七爲少陽六爲老陰而八爲少陰此四數者天下莫知其所爲如此者也則易之所謂老陰老陽者似若不必學然前之言易者皆紛然於此而莫得其要不有以析衷其說則後之學易者將惑於紛紛無當之論而易之道汨矣愚請有以辨之昔之言易者或以爲陽之數極於九而其次極於七故七爲

少而九爲老至於老陰苟以爲其極者而言也則老陰當十而少陰當八今少陰八而老陰反當其下之六則又爲之説曰陰不可以有加於陽故抑而處之於下使陰果不可以有加於陽也而曷不曰老陰八而少陰六則又曰陽順而上其成數極於九陰逆而下其成數極於六夫自下而上陰陽均也曷嘗有進陽退陰與逆順之别乎凡是數説蘓氏辨之當矣而蘓氏有取於唐一行之學則又與説易者異一行之言曰七八九六者因餘數以名陰陽而陰陽之所以

爲老少者不在是而在乎三變之間八卦之象也嘗究其説不過謂十有八變而成卦八卦而小成則十八變之間有八卦焉其一變也不五則九其二與三也不四則八八與九爲多五與四爲少多少者奇偶之象也三變皆少則乾之象也乾所以爲老陽而四數其餘者九焉故曰九三變皆多則坤之象也坤所以爲老陰而四數其餘者六焉故曰六三變而少者一則震坎艮之象也震坎艮所以爲少陽而四數其餘者七焉故曰七三變而多者一則巽離兑之象也

巽離兑所以爲少陰而四數其餘者八焉故曰八則是陰陽之所以爲老少者不在七八九六而在三變之間矣殆與說易者異也以愚揆之竊以謂陰陽固不可以名老小易既有取於四象則老少之說異焉四象者水火金木之謂也天一生水地六成之則一與六皆水而位於北地二生火天七成之則二與七皆火而位於南天三生木地八成之則三與八皆木而位於東地四生金天九成之則四與九皆金而位於西東南物之生養故八爲少陰七爲少陽西北物

之成就故六爲老陰而九爲老陽卦畫七八爻用九六七八九六配四方故九六皆以四成之龜取生數故一二三四五筮取成數故六七八九十易止取於四象而土存乎其間矣然則老陽九而少陽七老陰六而少陰八庶乎其可推矣

復古王者之制論

荀卿知有三代而不知有一王之法知天下之無王而不究尊王之義知矯草時弊而適以啟天下後世之紛紛嗚呼卿哉以春秋之義責之不免爲罪人也卿之復古之説曰道不過二代法不過三王謂復古當以三代爲準也謂天下之無王可閔也是宜以矯草時弊自任亦有意乎春秋而作也愚謂卿之意則善而其説則疏也夫隆虚談者不濟實用古今之通患士大夫立人之朝高言大論雖不自期以臯夔稷

契亦誰不許其君以堯舜三代言則髙矣其尚論古人則善矣幸而偶合古人之陳跡亦足以聳動時主之觀聽矣然鹿豕魚鱉世所珎者人子誰不欲獻於親而居山者不能致魚鱉居澤者不能致鹿豕於其所不能致而必曰吾須以此爲吾親之養孰若即所居以求可致之物常不闕於孝養哉是則堯舜信古也三王信古也勢若不可行則徒膠空文無益復古之實效也爲是說者是未得春秋尊一王之法之說客有難者曰子以春秋責鄉似矣若如子言是簠簋

可去而盤杅梧樽當御矣韶護可抵而箜篌笙笛應奏矣春秋何取也曰春秋非惡夫異代也惡夫崇飾前古之虚荒誕幻以棄滅當代之舊制者也凡人之情賤目貴耳爲朝夕所常見者人皆不注視也一覩古人之怪珎則且驚且愕抱烏號之弓以爲古則必以形盧之制爲可賤保曲阜之屨以爲古則必以草屩之制爲可賤考追蠡存昌歜以爲古則必以雅歌時饌爲可賤世之好爲譎怪者往往慕羲皇之髙蹤蔑視祖宗制度不啻脱屣今日變某事明日復某法

攺削更革畧無顧藉遂使先朝百年之基業爲之一空嗚呼信如卿言是三軍魯所當去也郊祀魯所當用也逆祀魯所當行也春秋不應書而譏之也曰吁子責卿亦甚矣卿非不知國家自有制度也謂凡非雅聲者舉廢也凡非舊文者舉息也械用凡非舊器者舉毀也以爲是可以復三代也愚則曰聲非雅聲未害也色非舊文未害也械用非舊器未害也春秋所最害者正謂兵暴而非古刑煩而非古賦歛用度而非古故凡書伐某侵某戰於某者謂其兵暴而非

古也書殺大夫放大夫者謂其刑煩而非古也書初稅畝作丘甲者謂其賦歛用度之非古也不聞書曰廢其聲變其色毀其器然後爲復古也必如鄉言是猶饑渴瀕死而投以太羹元酒曰此復古也古則古矣其不顛仆餓踣者幾希其謂復古而適以害之春秋所深罪也曰然則先儒稱春秋之道亦通三王則春秋豈無取於古與曰爲此說者何體也仲尼則無是言也晉鑄刑鼎仲尼專以唐叔之法度責之不聞其通稱三王也季孫問田賦仲尼專以周公之典責

之不聞其通稱三王也刖刑古良法紂行之則弊肉刑古良法漢行之則弊井田古良法唐行之則弊三代法非本弊也後世不能復三代也故仲尼嘗論夏商損益之理矣至春秋則一以周典斷之謂欲興復文武之緒不當雜以異代也故其書不告朔猶朝於廟者幸其猶朝於廟以存周之遺典也書不郊猶三望者幸其猶三望以存周之遺典也是未嘗不尊一王之法也謂春秋必通於三王者此僻儒之迂論也以是又知鄉言之謬也嗚呼荀卿閔天下之無王似

亦有意乎春秋之作者而復古之論迂濶如此後世
執其說以敗亂國家者十常八九且如褒賞一臣直
引周公錫山土田以爲故事至用兵則直援春秋車
戰以爲法翹然遠思遐想掇取古人空談以欺其君
漫不知何許有得所謂終日食龍肉而未嘗一飽者
良亦可笑然竊怪李斯事荀卿既而焚滅其書於師
反若不相識及觀斯之相秦奮不顧患燒滅夫子之
六經則變古也暴滅三代之諸侯則變古也裂都會
而廢封建則變古也破滅周公之井田則變古也是

必常用荀卿復三代之説高而難行遂至大壞先王之法以井心爲其父殺人其子必且行刦李斯師事荀卿而遂亂天下亦卿之詭辭怪説有以激之也吁春秋必謹始蓋重夫始爲患者也卿其始作俑者乎愚故曰以春秋之義責之不免爲罪人也嗚呼惜哉

漢宣帝論

善乎班生之論曰孝宣功光祖宗愚不暇並舉文景武昭之事畧係陳高帝之成敗而論之於孝宣竊有所喜而復有所恨蓋恨其不如高帝之寬容大度而喜其功光於高帝者四也客有過而歎曰吁三王以來撥亂英雄之主未有如高帝者也而以爲孝宣之功過之咄哉子之迂也愚曰然人能碎千金之璧不能無失聲於破釜能搏猛虎不能無變色於蜂蠆之螫客不能無怪於吾言似矣而未知高帝孝宣之所

以爲優劣也夫孝宣何如主也中興之賢主也其涵養天下比高帝爲優其聽斷之勤比高帝爲優其禮貌大臣比高帝爲優能使蠻夷慕義而單于降服比高帝爲優方嬴秦疲弊天下漢高起沛談笑而麾之入關之日首以三章約法斯民始有息肩之望爲帝計者正宜除苛觧煩以與天下更始而猶勤兵不觧者連年則其意不在民而在兵責以湯武之師東征西怨者有間矣至孝宣則不然方地節初始親政事遣使十有二循行天下問民疾苦今日下詔則恤民

明日下詔則又恤民詔凡數四爲民而下者半時則有循吏無酷吏德政沛然有成康之風則其涵養天下視高帝爲何如漢興之初天下草創帝方躬親聽覽日與二三大臣謀謨治道已而天下廓然無事帝意少解聽朝少弛而晏閑數矣將相大臣日益疏而嬖寵親矣戚姬之愛遷而國本揺矣自是而聽覽不講矣至孝宣則不然方躬親政事之初宵旰視朝五日不聽事羣臣奏對則親省之天下疑獄不决者則親省之丞相御史舉寃獄者則親省之方冀州有寇

竊之變京師有桴鼓之警則惻然感張敞之功復使就職而河内以安嗚呼孝宣可謂厲精政事矣則其聽斷之勤視高帝爲何如方楚漢角力而爭雄長帝得三傑而用之以麾下精兵大將軍之印付之韓信以關中金城之固付之蕭何以腹心肝膈之寄付之張良一旦志得意驕猜間諸將視淮陰不啻讎仇卒縛而辱之無禮甚矣獨不知大失國體也而忍爲是屈辱也哉至宣帝則不然委寄丙魏不移如山相與圖回中興事業且如丙吉自地節三年居相位至五

鳳元年死矣其在相位僅四載而四載中河南殺人連歲大旱朝廷議者皆咎吉而帝獨信之至魏相以小累被劾雖趙京兆欲擠之死而帝獨眷之不少怠中興之功雖二子之力居多亦孝宣任之確也則其禮貌大臣視高帝爲何如夷狄之爲患自五帝三王所以不免者高帝與之區區較勝負於矢石之間卒有平城之敗高帝之憤甚矣孝惠文景歷四世而不能報孝武以雄才大畧雖窮追遠討而不能臣及孝宣中興信威北夷不煩一矢而單于稱藩雪祖宗積

年之憤天下快之則四夷慕義而來降視高帝爲何如愚故曰於孝宣竊有所喜者此也客曰若如所云則孝宣果中興之賢主也而謂不及高帝之寬容大度又何以辨之曰孝宣所最優者信賞必罰高帝所不及也故高帝之興也平生所至惡者無出雍齒殺之可也而反封之何其罰之不必也平生所至有恩者無出丁公賞之可也而反戮之何其賞之不信也孝宣則曰有功不賞有罪不誅雖堯舜不能以致治故殺廣漢賞王成所以爲賞罰之審也高帝之興也

刻印以封六國始欲賞矣未幾以留侯之言而罷之又何賞之不信也下吏以按蕭何始欲罰矣未幾以羣臣之請而出之又何罰之不必也孝宣則曰掖庭張賀有舊恩則報之媼御侍養之不謹則斥之所以爲賞罰之審也然而高帝於賞罰則以寛容大度得之孝宣則以煩碎苛察失之高帝之意若曰刻印而復六國使必行之則六國必有變亂之禍下吏以按蕭何使必戮之則有殺功臣之嫌至於王成之增加可無賞也而必賞之是必謂高帝之銷印爲謬也廣

漢可無夗也而必戮之是必謂高帝赦蕭何爲謬也高帝之意豈不知丁公有恩於己而雍齒可恨哉以爲平生恨齒者私嫌耳不可以私嫌而濫罰丁公於己私恩耳豈可以私恩而加賞哉故掖庭張賀之舊恩可無賞也而必報之是不謂丁公之不當遭戮也媼御養侍之不謹可無罰也而必讎之是必謂雍齒之不當封侯也孝宣功光祖宗於是亦少貶矣愚故竊有所恨者此也客唯唯請畢其說愚於是不復論

興聖統在擇將相論

論者或喜漢武帝提兵遠討開拓邊陲必欲奮擊匈奴以空漠北寒苦之地且謂自古帝王得將相以興聖統者莫武帝若也嗚呼是喜開邊隙者也是窮兵黷武者也是害國蠹民者也正非賢將相佐興聖統之道也使將相賢如伯益則必曰無怠無荒四夷來王者矣使將相賢如張仲則必曰內修政事外攘夷狄者矣使將相賢如仲尼則必曰遠人不服則修文德以來之者矣夫然則天下不足治人主不足慮聖

統亦不勞而興豈復有武帝其心四夷窮兵遠討之慾哉然則是非武帝不足與有爲蓋擇任將相非其人耳故馬遷因武帝征匈奴之弊而亟言興聖統在擇任將相也武帝即位之初招選賢良公孫弘起徒步爲舉首旋位宰相言聽計行天下覔望所以佐主澤民之惠然至臨大事决大疑反與羣臣背約不忠飾詐以釣名陽善以報隙區區六年一無所補厥後李蔡石慶之徒繼踵入相然府位客舘坵虛而已韓安國號爲持重有謀又進身以賄乞憐無節武帝始

建擊匈奴之議安國委靡不能死節諫爭卒奪於邊臣之計故王恢之策得行而天下始困於夷狄矣是時衛青征匈奴者七霍去病征匈奴者三驃騎將軍二年屯馬邑六年出鴈門貳師將軍四年伐大宛二年出酒泉遂定南越東甌西蠻北夷之地者數千里置南海蒼梧武都牂牁之名者數十郡曾不知用武荒外要功絶域竭府庫之資以爭墝埆不毛之地得其人不足以增賦得其地不足以耕織乃反耗竭中國揺動本根其不敗也幸矣吾未見其能興聖統也

吁擇任之不明則將相不賢將相不賢則建功之不
競而利害胥壞矣此馬遷所以重歎與聖統在擇任
將相者深惜夫武帝之失也雖然論擇將相而以及
於堯得禹而九州寧何哉蓋當堯之時洪水爲患正
夷狄如也使禹治水必高隄峻壘以抑之則狂瀾怒
波其不滔天魚民者幾希惟禹也順適水性而流導
之故水由地中行民得平土以居而四海寧治夷狄
亦何以異此哉夫苟去其窮兵黷武犂庭滅國之議
來則安之去則舍之謹吾之政事修我之文德以順

適其性則彼將屈膝請命哀鳴求服人君可以垂拱而仰成人臣可以偃武而收功聖統可以唾掌而興亦猶堯得禹而九州寧也惜夫韓安國之諫不行王恢之慮不遠漢武之擇任不精而衛霍得奮卒輿馬邑之役而斯民塗炭使堯禹得專美於前聞

卷之二畢

胡澹庵先生文集卷之三

宜川後學符乘龍斯萬 校閱

宋廬陵胡銓著

鍾蘭映奎 紹虞膺文

嗣孫

澐龍篆 廷棟騎屋

定靜園 近仁元長 編輯

逢盛亮釆 值夏道院 永陽院背 仝訂

雜撰

原孝

百行莫大於孝五刑莫大於不孝顔淵曰舜何人也

予何人也有爲者亦若是夫回之慕舜也非有他也師其孝也然則回之用心可知矣孔子曰孝哉閔子騫人不間於其父母昆弟之言聖人言孝稱閔而不及回德行之科乃以回爲稱首則回之孝固優於閔矣由此言之顔閔爲四科之首皆不過孝而已是不謂百行莫大於孝乎葛伯不祀湯始征之葛伯之罪多矣書獨數其不祀商紂之罪多矣武王伐紂數其罪獨先宗廟不享漢吳王濞反其罪亦多矣景帝詔條侯將三十六將軍擊之止以燒宗廟爲罪之尤是

不謂五刑莫大於不孝乎大哉孝乎烏也能反哺虓也能觸棺猿也能塞創禽也能知母況人乎天下至殘忍而不仁者莫如寇盜何相北向讀孝經賊爲之却況不爲寇盜者乎永平中期門羽林皆能通孝經章句武夫且爾況書生乎肇牽車牛遠服賈用孝養厥父母商賈且爾況不爲商賈者乎馬醫夏畦知有親況不爲夏畦馬醫者乎唐明王盛天子也猶三復孝經況匹夫乎杜甫一大儒也孝經長在手況求學乎司馬公一代宗臣也猶爲古文孝經章句況吾儕

乎夫孝天之經也地之義也民之行也其別雖有五其實則三生事之以禮死葬之以禮祭之以禮不過此三者耳祭統曰孝則觀其順也喪則觀其哀也祭則觀其敬也三者皆禮也生事之以禮其別有十鷄鳴盥漱櫛縱笄總拂髦冠緌端韠紳笏一也左佩紛帨刀礪觿燧右佩玦捍管遰觿燧行縢屨綦以適親所二也下氣怡聲問衣燠寒疾病疴癢敬抑搔之出入先後敬扶持之進盥奉槃盥卒授巾所欲敬進柔色溫之三也饘酏酒醴芼菽麥蕡稻黍粱秫棗栗飴

蜜堇荁枌榆免薧滫瀡以滑以膏必嘗乃退四也父
母將至請席何鄉將衽更卧則請何止御者舉几斂
席襡簟縣衾篋枕祗敬杖屨五也敦牟卮匜非餕莫
用與恒食飲非餕莫嘗朝夕恒食子婦佐餕六也有
命敬對進退謹齊不敢噦噫嚏咳欠伸跛倚睇視不
敢唾洟寒不敢襲癢不敢搔不敢袒裼不涉不撅七
也冠垢請漱衣垢請澣衣裳裂綻紉箴請補五日請
浴三日請沐面垢請靧足垢請浣八也父母有過柔
聲以諫諫若不入起敬起孝悅則復諫必從乃已或

怒而撻流血不怨九也淳熬淳毋炮豚炮牂擣珍漬熬肝膋具陳十也死葬之以禮其别二十有三親始死寢東首於北牖下廢牀撤褻衣加新衣體一人屬纊以俟絶氣男女改服一也大夫世婦卒於適寢内子未命則死於下室遷尸於寢士之妻皆死於寢二也復大夫以玄赬世婦以襢衣士以爵弁士妻以稅衣小臣升自東榮中屋履危北面三號卷衣投於前司服受之降自西北榮復不以衣尸不以斂凡復男子稱名婦人稱字三也始死主人啼兄弟哭婦人哭

踊大夫之喪主人坐於東方主婦坐於西方有命夫命婦則坐無則皆立士則主人兄弟子姓皆於東方主婦姑姊子姓皆坐於西方四也凡哭尸於室者主人二手承衾大夫未小斂爲君命出士於大夫不當斂則出出則徒跣扱衽拊心降自西階迎於寢門外使者升堂致命主人拜於下士於大夫則與之哭不逆於門外五也小斂主人即位於户内主婦東面卒斂主人主婦馮之踊主人袒說髪括髮以麻婦人髽帶麻於房中徹帷男女奉尸夷於堂降拜主人即位

襲帶絰踊母之喪即位而免乃奠六也君喪縣壺乃官代哭大夫官代哭不縣壺士自以親疎哭七也君堂上二燭下二燭大夫堂上一燭下二燭士堂上下各一燭哭於堂上主人在東方奔喪者西方諸婦南鄉大夫之喪三日之朝既殯皆杖士二日而殯三日之朝皆杖大夫士哭殯則杖哭柩則輯杖八也始死遷尸於牀幠用斂衾小臣楔齒用角柶綴足用燕几九也御者入浴小臣四人抗衾御者二人浴浴用絺巾挋浴衣如他日小臣爪足母喪則內御者抗衾而

浴十也御者差於堂上君沐粱大夫沐稷士沐粱管人授沐乃煮之沐用瓦盤拒用巾小臣爪手剪須濡濯棄於坎十一也大夫設夷盤造氷焉士併瓦盤無氷設牀襢第有枕飯一牀襲一牀遷尸於堂又一牀皆有枕席君大夫士一也十二也大夫之喪主人室老子姓皆食粥衆士蔬食水飲妻妾蔬食水飲士亦如之既葬主人疏食水飲不食菜果婦人亦如之練而食菜果祥而食肉十三也大斂於阼君簟席大夫蒲席士葦席小斂布絞縮一横三大夫縞衾士緇衾

皆一衾十有九稱大夫士陳於房中皆西領北上絞紟不在列大斂布絞縮三横五布紟二衾君大夫士一也大夫士陳衣於序東西領南上大夫五十稱士三十稱絞紟如朝服絞一幅爲三不辟紟五幅無紞十四也小斂君大夫士皆用複衣複衾大斂祭服無筭袍必有表不禪衣必有裳謂之一稱祭服不倒皆左衽結絞不紐十五也大夫玄冒黼殺綴旁五士緇冒赬殺綴旁三凡冒質長與手齊殺三尺自小斂以往用夷衾十六也鋪絞紟踊鋪衾踊鋪衣踊遷尸鋪

斂衣踊斂衾踊斂絞紟踊大夫撫室老姪娣馮父母妻長子不馮庶子士馮父母妻長子庶子凡馮興必踊十七也父母之喪居倚廬不塗寢苫枕凷既葬柱楣塗廬不於顯者十八也天子之棺四重小兕草棺被之其厚三寸杝棺一梓棺二四者皆周大棺及屬用梓椑用杝上公草棺不被三重也諸侯無草棺再重也大夫無椑二重也士無屬不重也庶人之棺四寸十九也君裏棺用朱綠用雜金鐕大夫用玄綠用牛骨鐕士不綠君蓋用漆三衽三束大夫蓋用漆二

衽二束士葢不用漆二衽二束君殯用輴欑至於上畢塗屋大夫以幬欑至於西序塗不暨於棺士見衽塗上帷之二十也熬穀君四種八筐大夫三種六筐士二種四筐加魚腊焉二十一也飾棺君龍帷三池振容黼荒火黻三列素錦褚加僞荒纁紐六齊五采五貝黼翣二黻翣二畫翣二皆戴圭魚躍拂池大夫畫帷二池畫荒纁玄紐各二齊三采三貝黼畫翣各二皆戴綏魚躍拂池君纁戴六纁披六大夫戴披前纁後玄士布帷布荒一池榆絞纁緇紐各二齊三采

一貝畫翣二皆戴綏士戴前纁後緇二披用纁二十二也君葬用輇四綍三碑御棺用羽葆大夫用輇二綍二碑御棺用茅士用輇二綍無碑比出宮御棺用功布凡封用綍去碑負引君封以衡大夫士以緘君以鼓封大夫士止哭君松椁大夫柏士雜木君褁棺虞筐大夫不褁棺士不虞筐二十三也祭之以禮其別十有二始於五思齊之日思其居處思其笑語思其志意思其所樂思其所嗜一也又有四如孝子如執玉如奉盈洞洞屬屬如弗勝如將失之二也又有

五如文王之祭也事死者如事生思死者如不欲生忌日必哀如見親如見親之所愛如欲色然三也又有四盡盡其慤焉盡其信而信焉盡其敬而敬焉盡其禮而不過失焉四也又有四敬其立之也敬以詘其進之也敬以愉其薦之也敬以欲已徹而退敬齊之色不絶於面五也又有四有凡有深愛者必有和氣有和氣者必有愉色有愉色者必有婉容六也又有五致致反始也致鬼神也致和用也致義也致讓也又有敬之至凡五郊之祭也喪者不敢哭凶服者

不敢入國門敬之至也祭之日君牽牲穆荅君卿大夫序從入廟門麗於碑卿大夫袒而毛牛尚耳鸞刀以刲取膟膋敬之至也昔者天子爲籍千畝冕而朱紘躬秉耒諸侯爲籍百畝冕而青紘躬秉耒以事天地山川社稷先祖以爲醴酪粢盛敬之至也古者天子諸侯必有養獸之官及歲時齊戒沐浴而躬朝之犧牷祭牲必於是取之敬之至也古之獻繭者及良日夫人繅三盆手遂布於三宮夫人世婦之吉者使繅遂朱緑玄黄之以爲黼黻文章服既成君服以祀

先王先公敬之至也又有三備水草之葅陸產之醢小物備矣三生之俎八簋之實美物備矣昆蟲之異草木之實陰陽之物備矣九也又有三重獻之屬莫重於祼聲莫重於升歌舞莫重於武宿夜十也又有四餘尸餕鬼神之餘臣餕君之餘賤餕貴之餘下餕上之餘十一也又有十倫見事鬼神之道焉見君臣之義焉見父子之倫焉見貴賤之等焉見親踈之殺焉見爵賞之施焉見夫婦之别焉見政事之均焉見長幼之序焉見上下之際焉十二也竊嘗論之自古

盡是道而以孝稱者宜莫如舜中庸云舜其大孝也與孟子亦曰舜盡事親之道而瞽瞍底豫瞽瞍底豫而天下化此之謂大孝夫舜爲大孝子思稱之亦諄諄不容口而舜典獨不一言及孝詩三百五篇其間稱禹者有之又稱稷契咎陶而畧不及舜太甲自底不類宜其於孝有缺一旦悔過思庸而伊尹作書斷然以孝稱之諸漢帝皆以孝謚豈太甲可以言孝漢帝可以言孝而舜於孝有未至乎葢嘗反覆推之春秋責備賢者詩書責備聖人彼皆以孝稱者名生於

實不足爾舜典不言孝蓋責聖人之備也故曰夫婦之愚可以與能焉及其至也雖聖人亦有所不能焉不若是聖人何以曰甚哉孝之大也噫孝固大矣曾子乃以孝聞何也弟子問孝多矣聖人獨爲曾子作孝經又何也曰志存乎道聖人許之蓋得所謂要道也愛人以德戴記稱之蓋得所謂至德也先王至德要道復有大於孝乎吾嘗三復禮經曾子於聖門所得多矣問卿大夫爲尸於公有齊衰內喪則如何而知出舍公宮之禮問君薨葬世子生而知卿大夫士

從攝主北面於西階南之禮問並有喪則如之何而知先重後輕之禮問將冠子聞齊衰大功則何如而知內喪則廢之禮問除喪改冠而知有冠醮無冠醴之禮問祭不行旅酬之事而知小祥練祭不旅之禮問大功可與饋奠而知斬衰皆可之禮問小功可以與祭而知士取於兄弟大功之禮問相識可以與祭而知緦不祭之禮問廢喪服可與饋奠而知說衰與奠爲非之禮問昏禮納幣女之父母喪如之何而知壻使人弔之禮問親迎女在塗壻父母死如之何而

知女改服布深衣以趨喪之禮問除不復昏禮而知過時不祭之禮問女未廟見而死則如之何而知不祔於姑之禮問喪有二孤廟有二主而知嘗禘郊社尊無二上之禮問師行必以遷廟主行而知巡守以齋車奉遷廟主行之禮問師行無遷主則何如而知君出必以幣圭告廟禰遂奉以出之禮問諸侯旅見天子入門不得終禮而知四者之禮問諸侯相見入門不得終禮而知六者之禮問嘗禘郊社天子崩后之喪如之何而知皆廢之禮問當祭日食太廟火如之

何而知接祭不迎尸之禮問諸侯祭社稷天子崩后
喪君薨夫人喪如之何而知奉帥天子之禮如此亦
足矣猶以爲未至也又問大夫祭不得成禮者幾而
知九者之禮又問三年之喪出弔而知練不羣立之
禮又問大夫士私喪可以除矣有君服焉如之何而
知過時弗除之禮又問父母之喪弗除可乎而知過
時不祭之禮又問君薨既殯而臣有父母喪如之何
而有殷事則知君所之禮又問君出疆以椑從君薨
其入如之何而知共殯服之禮又問君喪既引聞父

母喪如之何而知既封而歸之禮又問父母喪既引聞君薨如之何而知既封改服而往之禮又問宗子爲士庶子爲大夫祭如之何而知以上牲祭於宗子之家之禮又問宗子適他國庶子無爵可以祭乎而知望墓爲壇之禮又問祭必有尸而知祭殤無尸有陰厭陽厭之禮又問葬引至乎堩而日食則有變乎而知止柩就道右之禮又問爲君使而卒於舍而知公館復之禮又問下殤塈周葬於園遂輿機而往塗邇故也墓遠則如之何而知下殤用冠衣爲非之禮

吾故曰曾子於聖門所得多矣其以孝聞也不亦宜乎聖人獨爲之作孝經也不亦宜乎難者曰顏閔以孝列於德行之科曾子以不與四科而畏子路則其於孝也有慊矣而子之稱之若是毋乃過乎曰子獨不聞曾子之對公明儀乎其言曰身者父母之遺體也行父母之遺體敢不敬乎居處不莊非孝也事君不忠非孝也蒞官不敬非孝也朋友不信非孝也戰陣無勇非孝也五者不遂災及於親敢不敬乎養可能也敬爲難敬可能也安爲難安可能也卒爲難父

母既没謹行其身不遺父母惡名可謂能終矣又不聞樂正春子之對乎其言曰吾聞諸夫子曰父母全而生之子全而歸之可謂孝矣不虧其體不辱其身可謂全矣夫孝可能也終爲難終可能也全爲難能終能全孝之至也惟曾子能之故曰事親若曾子可也

忠辨 為歸善令高登彥先作

小大之獄雖不能察必以情曹劌曰忠之屬也古之言忠者多矣未有以情爲忠者余嘗事斯語矣曾子曰自吾母而不用吾情則何所用其情哉語曰上好信則民莫敢不用情大哉情乎君臣父子兄弟朋友無所不用其情情苟至焉不欺於君不欺於親不欺於兄弟不欺於朋友一有不情而欺罔無所不至矣遂至欺其君親欺其兄弟朋友夫欺爲不忠則不欺者爲忠矣非必如龍逢比干殺身然後爲忠非必扣

閤排闥伏蒲折檻血湔御衣血污車輪血流殿堦然後爲忠使必如是而後爲忠其間容有不情而爲之如隱刺之亂數進忠策者非至誠愛君憂國者也古之君子在廟堂之上則憂其民出一言而澤及天下情乎愛民者也處江湖之遠則憂其君出一言而中時病情乎愛君者也杜子美崎嶇江湖其身不能一日岩廟之上拾遺補闕未之聞也徒以片言半辭有閔時憂國之心史臣正色稱之曰情不忘君世推其忠余然後廢卷而歎發乎情者之爲忠而不情者之

非忠也作忠辨

辨真

性之害害在憂喜失其真何謂真如荀悅所云八者是也如漆園所云四者是也何謂失其真其所認以爲真者非也公之言曰吾獲譴有爲吾憂如吾之自憂者哉有如吾之親戚故舊爲吾憂者哉吾之所以憂者蔽於私也親戚故舊之所憂者蔽於昵也惟與吾利害不相及者則不蔽亦不憂人當以蔽者爲真乎以不蔽者爲真乎是不憂者真也雖然吾亦有所

喜者曰我之所以爲我者固在雖獲譴我固自若也不亦善乎今也不喜而憂則亦毋夫衆人之凡暱我者之憂而不忘夫衆人之凡忌我者之悅也夫憂也悅也是得我之淺也喜其所以爲我者在是自得其得也苟不以自得其得爲眞而以得我之淺者爲眞不亦惑乎

檄辨

公武姪記渠陽倅兄兼美遺事云得罷檄按許氏説文檄若以木爲書長尺二寸用徵召有急則加以鳥羽插之示速疾故高帝云吾以羽檄召天下兵未有不至者顔師古引説文爲觧光武紀云王郎移檄魏武奏事云今邊有警輒露檄插羽皆本於此鮑明遠云羽檄起邊行烽火入咸陽老杜云警急烽常報傳聲檄屢飛皆用漢高事王原叔注止引鮑詩杜甫補遺甚傳亦只引光武紀及魏武奏事而不引高帝語

何也觀此則檄乃兵家事非憲司所當用唐史所説檄亦只兵家事近世多云訟檄蓋承毛義之誤今云憲檄乃宜春牛訟恐不當用檄也

君陳辨

鄭玄云君陳周公子坡云非也蓋周之老臣若果周公子豈以先畢公乎某按君陳之篇成王戒之曰懋昭周公之訓又曰爾尚式時周公之攸訓又曰爾唯弘周公丕訓非周公之子而何

卷之三畢

胡澹庵先生文集卷之四

宜川後學符乘龍斯萬　校閲

宋廬陵胡銓著

鍾蘭映奎　紹虞賡文

澐龍篆　瑶棟騂壓

嗣孫

定靜園　近仁元長　編輯

逢盛亮采　值夏道院　永陽院背　仝訂

雜著

素冠説

素冠之詩刺不能三年喪也首章言庶見素冠二章

言素衣三章言素韠說詩者曰素冠練冠禮三年之喪十三月而練此練冠是既練之後大祥之前冠也素衣亦既練之衣上二章同思既練之人也素韠大祥祭服之韠卒章思大祥之人也按喪服斬衰有衰裳絰帶不言韠檀弓說既練之服云練衣黃裏縓緣要絰繩屨角瑱鹿裘亦不言有韠則喪服始終皆無韠惟大祥祭服朝服縞冠朝服之制緇衣素裳禮韠從裳色喪服小記除成喪者其祭也朝服縞冠緇衣素韠士冠禮亦云朝服素韠謂素韠爲大祥之祭服

其說是矣謂素冠素衣爲練服恐非也檀弓云奠以素器以生者有哀素之心注云哀素言哀痛無飾凡物無飾曰素史言漢高祖爲義帝發喪兵皆縞素然則素冠止謂喪服哀痛無飾耳不必十三月練服乃爲素也作詩者以時人不能行齊斬之喪故上二章思見素冠素衣哀素之服又以時人縱有哀素之服未必能終大祥之祭也故卒章思見祥祭之韠事之次也難者曰若如所說則初喪已無素冠是全不爲服雖朞亦不能行不得云子能三年夫不能三年者

謂三年將終少月日耳易曰古者喪期無數至堯崩
百姓如喪考妣三年於是始有三年之制春秋襄二
十八年書十二月甲寅天王崩乙未楚子卒乙未距
甲寅四十二日則閏月明矣而不書閏是三年之喪
雖閏不數故知不能三年者謂三年將終少月日耳
不謂全無哀素之人也余曰不然説詩者不以辭害
志是詩之作謂喪莫大於三年人猶不能知餘可知
矣非必謂當時之行喪者將終三年但少月日也孟
子曰不能三年之喪而緦小功之察不云期與大功

而云緦小功者舉至輕以明至重也詩人思見素冠不云不能緦小功而云不能三年者舉至重以明至輕也明乎孟子之説可與言詩矣漳人陳君景衛爲余言廣有林氏子居母喪有志乎古懼其志之弗堅求余言以鍵之余爲説素冠之詩以前二章作其哀素之心卒章勉其終之而勿怠也林生勗之哉林生兄弟二人曰遯曰遠紹興十五年七月朔書

獲麟記

說公羊者以爲簫韶作而鳳至春秋成而麟致王沿亦云王道之成乃致天瑞意鳳凰來儀自然而至也西狩獲麟因狩而獲也麟果爲瑞而來則當如鳳之儀於庭不應獲而致也獲者得也不曰麟來而曰麟獲以見窮蒐遠狩搜原滌蕩暴殄天物雖若麟者且不免焉時事可知矣鳳之來儀豈亦如是而見獲耶豈春秋之時亦如舜之時耶使如舜之時則簫韶雖不作而鳳自至如春秋之時雖日奏韶獲而鳳益遠

矣麟肯自出耶自鳳儀之後舜政日隆自麟獲之後
孔子遂卒宗周遂亡天下始爛熳矣然則麟之不爲
春秋之瑞應章章矣

十二候說

其辱貺開國候說讀之亹亹不厭雖左史倚相能讀三墳五典八索九丘未能遠過顧朽拙何足以當之敬藏十年以爲子孫訓然其間有未盡者請畢其說

嘗考自古曆家發斂術有所謂候屯内候屯外候小過内候小過外候需内候需外候豫内候豫外候旅内候旅外候大有内候大有外候鼎内候鼎外候恒内候恒外候巽内候巽外候歸妹内候歸妹外候艮内候艮外候未濟内候未濟外曆家之説晦而不明

嘗以曆志及易推而明之夫候屯内者謂冬至十一月中坎初六也時蚯蚓結麋角解水泉動候屯外者謂小寒十二月節坎九二也時鴈北鄉鵲始巢野鷄始雊候小過内者謂大寒十二月中坎六三也時鷄始乳鷙鳥厲疾水澤腹堅候小過外者謂立春正月節坎六四也時東風解凍蟄虫始振魚上氷候需内者謂雨水正月中坎九五也時獺祭魚鴻鴈來草木萌動候需外者謂驚蟄二月節坎上六也時桃始華倉庚鳴鷹化爲鳩候豫内者謂春分二月中震初九

也時玄鳥至雷乃發聲始電候豫外者謂清明三月節震六二也時桐始華田鼠化爲鴽虹始見候旅内者謂穀雨三月中震六三也時萍始生鳴鳩拂其羽戴勝降於桑候旅外者謂立夏四月節震九四也時螻蟈鳴蚯蚓出王瓜生候大有内者謂小滿四月中震六五也時苦菜秀靡草死麥秋至候大有外者謂芒種五月節震上六也時螳螂生鵙始鳴反舌無聲候鼎内者謂夏至五月中離初九也時鹿角解蜩始鳴半夏生候鼎外者謂小暑六月節離六二也時溫

風至蟋蟀居壁鷹乃學習候恒内者謂大暑六月中離九三也時腐草爲螢土潤溽暑大雨時行候恒外者謂立秋七月節離九四也時凉風至白露降寒蟬鳴候巽内者謂處暑七月中離六五也時鷹祭鳥天地始肅禾乃登候巽外者謂白露八月節離上九也時鴻鴈來玄鳥歸羣鳥養羞候歸妹内者謂秋分八月中兑初九也時雷乃收聲蟄虫培戸水始涸候歸妹外者謂寒露九月節兑九二也時鴻鴈來賓雀入大水爲蛤菊有黄華候艮内者謂霜降九月中兑六

三也時豺乃祭獸草木黃落蟄虫咸俯候艮外者謂立冬十月節兌九四也時水氷地始凍野鷄入水爲蜃候未濟内者謂小雪十月中兌九五也時虹藏不見天氣上升地氣下降閉塞而成冬候未濟外者謂大雪十一月節兌上六也時鶡旦不鳴虎始交荔挺生凡此十二候皆生於易敢以爲足下壽古語王侯將相寧有種乎併以爲獻

以直報怨議

龜茲樓蘭皆嘗殺漢使者至元鳳中平樂監傅介子謂大將軍霍光曰樓蘭龜茲數反覆而不誅無所懲艾介子過龜茲時其王近就人易得也願刺之以威示諸國大將軍曰龜茲道遠且驗之於樓蘭於是白上遣之介子與士卒俱齎金幣揚言以賜外國爲名至樓蘭樓蘭意不親介子介子佯引去至其西界使譯謂曰漢使者持黄金錦繡行賜諸國王不來受我去之西國矣即出金幣以示譯譯還報王王貪漢物

來見使者介子與坐飲陳物示之飲酒皆醉介子謂曰天子謂我私報王王起隨介子入帳中屏語壯士二人從後刺之刄交胸立死其貴人左右皆散走介子告諭以王負漢罪天子遣我來誅王當更立前太子質在漢者兵方至毋敢動動滅國矣遂持王首還詣闕公卿將軍議者咸加其功上乃下詔曰樓蘭王安歸常爲匈奴間候遮漢使者發兵殺掠衛司馬安樂光禄大夫忠期門郎遂成等三輩及安息大宛使盜取節印獻物甚逆天理平樂監傅介子持節使誅

斬樓蘭王安歸首縣之北闕以直報怨不煩師衆其封介子爲義陽侯壯士皆補侍郎某按三代之所以直道而行乃所謂直今介子以徂詐之計誘樓蘭而斬之益春秋誘討之罪聖筆所深誅也而乃下詔以爲以直報怨漢天子固不足責而霍光輔相人主以詐夷狄而欲威示諸國不亦鄙乎乃引聖人之教以文過信其無學術也介子薨其子敞有罪不得嗣天理不欺矣

書林舍人逸事

或問某中書舍人林公何如人也某應之曰仁人也或曰仁道重器堯舜大聖猶以爲病夫子聖人曰吾豈敢顔子亞聖猶克已爲之至於子路冉有公西赤皆高第曰不知其仁於令尹子文陳文子之賢曰焉得仁聖人重許人以仁如此而謂林公仁乎哉某曰一日克已復禮天下歸仁焉建炎末臨安倉卒之變縉紳懷祿首鼠公獨奮然移病引去非克已復禮不能也赴湯蹈火臨白刄武夫勇可能也至於克已以

復禮非剛不能故易曰君子以非禮勿履必於大壯之象以剛毅近仁故能復禮也克己復禮一己之事何與於天下而曰天下歸仁焉不已誇乎益方維揚播遷繼以武林多故如風濤然天下寒心自公一去天下翕然知尊君戴上曾不浹辰克剪大憝乾清坤夷宗廟如故天下公議謂是時微公倡大義社稷幾殆大駕移狩東越復以舍人起公頃之以選抗節番禺陛辭之日上念曩節制詔進直龍圖所以褒寵忠蓋於是公之大節益白由是言之天下歸仁焉非僕

一人之私言也或曰林公一時遭變怵迫苟生以違難又似非伏節死義近於求生害仁者之爲也某應之曰聞之故老元符間正言鄒公浩以諫獲罪遷新州朝士欲祖道卒無一人敢者公時爲大學諸生毅然出餞國門之外大學士爲公服弁胆栗而公色愉氣怡時謂自徐晦送楊臨賀以來至今數百年惟李師中送唐介與公三人而已孟子曰富貴不能移威武不能屈此之謂大丈夫公之剛毅有守自布衣已然而謂一時怵迫苟生以遠難者妄也方公之去

就未决也在廷之謀必曰與其潔已以去無寧蒙耻以苟全去則有蘧伯玉從近關之危萬有一得脱蒙耻苟全雖有從亂之汙然與世浮沉害未及已也二者利害甚易曉公不顧蒙耻苟全之安而蹈蘧伯玉近關之危是不避殺身之害以脱從亂之汙則謂求生害仁者又大妄也當是時從亂如歸者并肩而撓節以圖存者皆是也不追咎此而責公以死義亦見其自比於反虜爲之辭而助之亂也其廷試時辱公鑑賞出公門下舊矣知公爲詳故書以遺公之仲子

冀以備太史氏拾遺門人左奉議郎樞密院編修官
胡銓

論祝欽明郭山惲

唐祝欽明擢業與六經等科授太子經文桓彥範崔元暐袁恕己敬暉等五王皆從受周官大義朝廷尊之以匿親忌日爲中丞蕭至忠所劾貶申州刺史入爲國子祭酒景龍三年天子將郊與郭山惲陰迎韋后謬忌立議謂后當亞獻景雲初侍御史倪若水劾欽明山惲諂佞亂常請斥之以肅具臣乃貶饒州欽

明自見坐不孝免乃阿附韋氏圖再用又坐是見逐諸儒羞之棊曰欽明山惲所謂以詩書發塚者也故贊以託儒爲姦目之宜哉

龐勛求節

龐勛求節也必希歲内得之閭里小兒歌曰得節不得節不過十二月銓因足成之曰九年十月亂十年九月滅

祖考配天帝說

孝經云周公郊祀后稷以配天宗祀文王於明堂以配上帝是以祖配天以父配帝也然上云嚴父莫大於配祖考則祖亦可以配帝若論尊尊親親之義則天尊也故配以祖帝親也故配以父若論聖人至孝盡誠則其於祖考一也故父亦配天祖亦配帝也

養生說

坡云治眼如曹參之治齊治齒如商鞅之治秦余謂不然養目當如火之積薪養齒當如木之深根火積

新則益明木深根則益長曹參治齊固善矣商鞅治秦不能五十年而亡豈深根固蒂之道乎

齒目皆屬腎根本也

續東坡三養說

一曰少食以養脾二曰少噍以養齒三曰少味以養壽脾如磨轉過飽則不能磨故曰少食以養脾牛馬多噍則齒易衰故曰少噍以養齒村落深處人多壽考經月無鹽醯故曰少味以養壽

戒殺說

余不殺久矣每得生物輒以送人此何異曹操不殺禰衡而送與黄祖使殺之也等殺耳然操之不自殺猶賢乎黄祖之殺也

扈魯說

子虛賦蓮藕觚盧顔師古未詳張宴云觚盧扈魯也今海南有魯古狀如蘘荷而高大其花香甚豈扈魯乎

天說

天一而大也天者地之天君者臣之天父者子之天

夫者妻之天伯叔者猶子之天主者奴之天中國者夷狄之天師者生之天食者我之天六經者學者之天屋者家之天甕者醯鷄之天郡守者縣令之天部刺史者郡守之天天者天子之天

讀孝經雜記

孝經云富貴不離其身按東平王不得於太后元帝詔曰諸侯在位不驕然後富貴離其身東坡云離附離也今作不離其身疑後人妄增也又昌邑王及王嘉傳皆云天子有爭臣七人雖無道不失其天下昌邑王言見霍光傳又庶人章云孝無終始而患不及者未之有也注云始自天子終於庶人孝道同致而患不能及者未之有也按杜欽引此言戒成帝顏師古云行孝始終不備而患禍不及者無此事也又云人能終始

行孝而患不及於道者未之有也顏說爲長

讀左氏雜記

僖十二年君子曰管氏之世祀也宜哉杜云管仲之後於齊歿不復見按哀公十六年楚殺管修杜云仲之後則管仲非無後不在齊耳

杜預序左氏云預今所以爲異專修邱明之傳以釋經簡二傳而去異端葢邱明之志也今考杜注莊六年齊人來歸衛俘注云公穀經傳皆言衛寶以傳亦言寶經言俘恐悞二十三年祭叔來聘注云穀梁以

祭叔爲祭公來聘魯天子内臣不得外交故不言使也二十四年夫人姜氏入注云公羊以爲姜氏要公不與公俱入蓋以孟任故也郭公注云公穀之説既不了又不可通之於左氏僖九年伯姬卒注公穀以爲未適人故不稱字已許嫁則以成人之禮書不復殤也宣十年天王使王季子來聘注云王季子者公羊以爲天王之母弟天子大夫稱字然則杜亦多主二傳之説不得云簡二傳僖二十一年邾人滅須句成風曰蠻夷猾夏周禍也注云此邾而曰夷蠻者昭

二十三年叔孫豹曰邾人東也按此乃叔孫婼說恐汪悞

僖二十二年辛有適伊川曰不及百年此其戎乎按辛有自平王東遷時說至此已越百年而云不及百年可見左氏之誣

僖三十一年鄭洩駕惡公子瑕杜云洩駕鄭大夫按隱五年鄭原繁洩駕以三軍軍其前距此九十年杜云疑非一人今考哀十年吳延州來季子救鄭杜云季子至今蓋九十餘以此推之洩駕或是一人杜云

疑非一人何也
文十年子朱及文之無畏爲左司馬杜云將獵張兩甄故置二左司馬東坡詩用兩甄出此耳葢期思公復遂一人爲右司馬當中央則左司馬二人張兩甄矣兩甄猶言兩翼也是時文襄伯主巳死靈公幼楚穆王强盛厥貉之會陳鄭及宋爲楚僕任受役於司馬以田孟諸楚自此寖大矣

讀通鑑

通鑑考異天鳳二年邳彤云邯鄲成民不肯背成主而千里送公此范書也成字皆作城袁記作邯鄲和城民不肯捐棄和城而千里送公漢春秋作邯鄲之民不能捐父母背成主考異云按文意城皆當作成邯鄲成謂邯鄲勢成也成主謂王郎爲已成之主也其按更始二年光武馳赴信都王莽和戎卒正邳彤舉郡降注云莽分鉅鹿爲和戎郡彤傳云彤初爲莽和成卒正注云莽分鉅鹿爲和成郡東觀漢紀或作

和戎或作和成以袁紀攷之則和成爲是袁紀特以成爲城耳云耶鄲和成者和城與耶鄲耳疑袁記耶鄲和城爲是也城主益和城之主時王郎起於耶鄲當攷

讀韓文雜記

韓退之與李秘書論小功不稅今代李答云按正義曾子怪於禮小功不著稅服之事曾子以爲依禮小功之服日月已過不更稅而追服則是遠處兄弟聞喪恒晚終無服而可乎言不可也曾子仁厚禮雖如

此猶以爲薄故怪之此據正服小功也故喪服小記云降而在緦小功者則税之其餘則否鄭康成義若限内聞喪則追全服若王肅義限内聞喪但服殘日若限滿即止假如王肅之義限内止少一日乃始聞喪若其成服未得或即除也若其不服又何名追服進退無理王義非也愚謂鄭不言限外聞喪則當如何是鄭意亦不追服矣恐於人情未安今欲追服以

附韓説

或問韓退之云火於秦黄老於漢佛於晉宋齊梁數

者孰爲甚荅曰火於秦雖火其書而道之存於人心者未亡也黄老於漢未亡也佛於晋宋齊梁道之存於人心者亡矣

讀坡文雜記

坡韓幹馬詩云前者既濟出林鶴後者欲涉鶴俛啄東方朔傳鶴俛啄音作味坡鶴字韵叶恐悮

坡作除范純仁制詞云楚得臣奉巳而不在民則晋文無復憂色按此乃蔿吕臣事恐悮

審朝議送厐𢪖子固辭不能却置之於地將烹食之

偶閱東坡詩集忽見岐亭戒殺詩云我哀籃中蛤閉口護殘汁悉呼僕夫放之余又戒殺心欲食此而忽見此詩戒余勿復殺耳亦可謂異乎

坡謂事忙不及草書以爲此語非是坡意蓋謂草書要速若事忙不及乃是有意於學非速也余謂坡言非矣古人云事忙不及草書言忙甚雖草書猶不及況眞書乎家貧不辦素食言貧甚雖素食猶不辦況肉食乎

卷之四畢

胡澹庵先生文集卷四

胡澹庵先生文集卷之五

宜川後學符秉龍斯萬　校閱

宋廬陵胡銓著　鍾蘭映奎紹虞賡文

嗣孫　澐龍篆廷棟騎屋　編輯

定靜園近仁元長

逢盛亮釆　值夏道院　永陽院背　仝訂

策

策問附

御試策

問葢聞治道本天天道本民故視聽從違不㦤於算

數占候而惟民是察持以至誠無遠弗屆古先哲王罔不由斯道也朕承宗廟社稷之託於俶擾阽危之候懷父母兄弟之憂於携貳單微之時念必撫民以格天庶或悔過以靖亂踰年於兹寢興在是故府庫單匱軍費倍滋而賦歛加薄外患未弭寇盜尚多而追胥有程擇守令以厚牧養責按廉以戢貪暴命令爲民而下者十常六七凡曰聚所欲去所惡者朕未有聞而不恤恤而不行也然而邇親之使接武在道而敵情未孚保國之謀刻意在兵而軍勢未張躬純

儉以敦本而驕奢之習未悛擴大公以示訓而私枉之俗尚勝刑賞不足以振偷惰之氣播告不足以革狂悖之心田畝未安草蝗害歲豈朕不德無以動天抑政令失宜而民以爲病乎何精誠之弗效而禍亂之難堪也伊欲復親族奠疆場清寇攘善風俗使百姓安業而亹亹迓衡何修而可以臻此子大夫涉艱險以副詳延誠亦勤矣其必有至言欲爲朕陳者其悉言之無隱若廼矜空文而無補於實咎既往而無益於今者非朕之所欲聞也其以朕所聞而切於時

者言之朕將親覽焉

臣對臣聞國將興聽於民將亡聽於天湯武聽於民其興也勃焉桀紂聽於天其亡也忽焉方桀紂之未亡也謂已有天命曰我生不有命在天彼以天命爲真可恃偃然自謂子孫帝王萬世之業也及其亡也諸侯歸商者三千資以勝夏則成湯以興諸侯歸周者八百資以勝商則武王以興夫湯武聽於民而反以興非民興之也修人事以應天是以興桀紂聽於天而反以亡非天亡之也恃天命而虐於人是以亡

興亡之端厥監在民而不在天甚易曉也而中材庸主每每反之此忠臣義士之所以深悲天下之所以亂亡相尋而世主不悟也陛下起干戈鋒鏑之間適丁天下倥偬不暇給之秋外亂内訌僉人柄朝邊方有風塵之虞中原有新羈之馬赤子入無知之俗民愁盜起禍稔蕭牆王室搖搖然幾如一髮引千鈞當此之時可謂亂甚矣臣愚謂陛下宜焦心嘗胆聽於民之時也而陛下策臣等數十條大槩質之於天首曰葢聞治道本天天道本民又曰豈朕不德無以動

天又曰何精誠之弗效禍亂之難戡也似皆聽於天者此臣等所深疑而願爲陛下直言無諱也伏讀聖策曰葢聞治道本天天道本民故視聽從違不惡於算數占候而惟民是察持以至誠靡遠弗屆古先哲王罔不由是道也臣有以見陛下聽於天而不聽於民之弊也臣謹按春秋禍變之由與祖宗已然之故事爲陛下陳之爲春秋之說者曰正次王王次春王者上承天之所爲而下以正其所爲此漢儒傳會之論臣謂不然臣聞聖人作春秋尊一王之法爲萬代

訓未嘗有明言天者蓋謂天道難測若深言之則遂以爲茫昧莫究而忽於天若淺言之則天下後世遂溺於陰陽灾異而蔽於天聖人推變於天常與人事雜而書之至其變見禍敗或應於數十年之後甚則或不旋踵而應國家將有失道之敗天必先出灾異以譴告之不知自省又出怪異以警懼之尚不改悔覆敗乃至苟無其事變不虚生若痛自惕懼側身修行則禍灾滅塞可轉爲福此春秋之凡也以此知天心之愛人君而欲止其亂也自非大無道之世天盡

欲扶持而安全之此古先哲王所以持以至誠而不急於算數占候誠知夫天人相與之際甚可畏也我國家自江南平定太祖戡宇縣分割生民受弊惻然涕下思有以布聲教而撫養之是時識者知天命固已牢不可解矣且如擇一法官細事也而太祖擇王濟則曰無或有冤濫以致天灾任一憲臺細事也而真宗選諸道提點刑獄則曰一夫受冤即有沴灾夫一夫受冤宜未害也而祖宗惕然動念懼致天罰則民之不可忽而造物之不可欺也明矣陛下龍飛之

初傳檄四走天下莫不翕然响應臣愚雖不識天理以人事卜之知天意固已有在比來聖慮漸弛浸不克終國勢委靡而不振生民愁苦而無聊天意向背殆有不測可勝寒心臣願陛下持以至誠以春秋爲戒而謹持之以祖宗爲監而力行之無以草茅之言而罷之則天下幸甚聖策曰朕承祖宗社稷之託於俶擾阽危之候懷父母兄弟之憂於携貳单微之時念必撫民以格天庶或悔過以靖亂踰年於茲寢興在是茲又陛下聽於天而不聽於民之弊也嗚呼陛

下興言及此亦知有宗廟社稷之託乎亦知有父母兄弟之憂乎知有宗廟社稷之託所與任其託者爲誰知有父母兄弟之憂所與分其憂者爲誰任其託分其憂一非其人則天下之大勢無復救矣臣聞天下大器得之甚難敗之甚易莫不由夫祖宗辛苦艱難以成立之莫不由夫子孫頑率奢傲以覆墜之成立於百年而覆墜於一日遂使祖宗艱難之業并與祖宗社稷一旦坵墟是以聖人作春秋於亂君亡國痛以王法繩之謹按昭二十二年書王室亂劉子單

子以王猛居於皇是時新有景王之難王猛以幼沖而嗣大位劉單以庸材而相幼君社稷危如纍疣則王室安得不亂夫王室天下根本根本一亂而播遷於皇則俶擾阽危亦甚矣卒之天王蒙塵避子朝之難終貽公之世僅復成周至黃池之會天下奔潰而聖人獨反覆書之重社稷也陛下以单微幼沖之資獨甚多難則危如王猛左右大臣以險佞而佐大計則庸如劉單臣恐王室之亂又甚於子朝之難矣安知江都之幸不變爲狄泉之脅迫乎是陛下承宗廟

社稷之託於俶擾阽危之候而未知荆卿何羅竊發於肘腋之間願陛下思太祖得天下之難而早圖之監春秋王室之禍而愼守之毋謂懷父母兄弟之憂於携貳單微之時而遂解體也謹按襄二十八年書曰公如楚二十九年書曰公在楚又曰公至自楚竊原魯公如晉如齊如京師皆未嘗書在獨於楚書在何也曰楚虎狼之國也襄公如楚既非常而踰年不反禍且不測書曰在楚者蓋臣子痛君父之失所在也以今兩宮有沙漠之狩歟與如楚之危哉且襄二

十八年如楚至二十九年而歸春秋深危之况兩宮暴露於穹廬三年於此矣則陛下懷父母兄弟之憂臣愚不知何以處之爲陛下計者獨不念在楚之事乎臣願愼擇賢佐惟斷惟果側身憂灾如宣王厲精綜核如孝宣鋤去亂畧如光武剛明果斷如憲宗復讐雪耻如勾踐以春秋爲戒而謹持之以祖宗爲監而力行之毋以草茅之言而罷之則天下幸甚陛下首策以此中則曰府庫單匱軍費倍滋而賦歛加薄外患未弭盗冦尚多而追胥有程擇守令以厚牧養

責按廉以戢貪暴命令爲民而下者十常六七凡曰
聚所欲去所惡者朕未有聞而不恤恤而不行也此
又陛下聽於天而不聽於民之弊也臣聞治天下者
正如療疾方天下之既受病也府庫单匱軍費倍滋
則病在血脉矣外患未弭盜寇尚多則病在腸胃矣
客邪干正矣擇守令以厚牧養猶導之以湯液醪醴
而助真氣也責按廉以戢貪暴猶投之以砭劑而攻
强陽也如使人血脉受病腸胃又受病而導之以湯
液醪醴者或失節焉則疾日甚疾既甚而投之以砭

劑者又非良藥祇速其死耳醫國者亦然故方天下
受病之際府庫竭矣軍費滋矣外患熾矣冦盜多矣
乃牧之以不賢之守令擾之以不才之按廉是猶疾
巳深而投之冶葛豈不殆哉臣請歷言其弊臣聞府
庫単匱軍費倍滋者以兵冗而坐食也以師老而費
財也以生寡而食衆也三者今之最大弊也自古兵
無事則不可使聚聚則不可使無事而食其勢然也
昔漢之兵制有踐更之卒而無營田之卒京師亦不
過南北期門羽林之兵而止至於邊境有事諸侯有

變皆以虎符調發郡縣之兵事已輒罷是以其兵雖不知農而天下不困兵甲未嘗聚也唐置十六衛無事則力耕而聚粟非但自贍且以廣官儲是以其兵雖聚於京師而天下亦不困者未嘗無事而食也我朝沿近代養兵之法一兵給與衣糧歲約五六十緡太祖得周代之兵中外止有二萬而已至乾德間中外止十萬兵耳太宗盡有天下添兵至多亦止三十餘萬真宗當全盛之時乃始五十餘萬當時軍數非多尚慮耗蠹調度命汰疲冗周瑩不奉減兵之詔則

怒而罷之向敏中奏軍額漸多則反覆詰難之誠知夫兵無事則不可使聚聚則不可使無事而食臣故曰兵冗而坐食今之最大弊也按兵法興師十萬日費千金以日計之費已如此況今曠日彌年兵連不解百人仰給縣官則挾千夫之名大概雖數百爲輩要歸則無異於數十萬之兵而坐食連年無毫髮功則農夫之力安得不困饋餉之卒安得不疲謹按莊公八年春師次於郎夏師及齊師圍郕秋師還春秋書用兵未有歷三時而後反者獨於此書春書夏書

秋惡莊公無故勞師興圍郕之役卒之郕降於齊而魯師無功至秋乃還故書曰師還者惡其夏已無功秋始班師暴露滯留之甚也是後二十八年有告糴之舉其禍正基於圍郕之役以今征役之久動至累年較之春秋三時而返者不已大甚乎則庫藏竭而軍費滋自不足怪臣故曰師老而費財者今之最大弊也兵冗而坐食師老而費財加以生寡食衆入少用多陛下雖賦歛加薄而州縣之征科實煩何則用度既匱則其勢不得不取於民矣臣前所謂追胥有

程而外患未弭盜賊尚多者其弊在朝廷多過生靈多怨使朝廷無過生靈無怨則外患寇盜亦何名而動哉蓋自古奸雄如陳涉吳廣之起於秦赤眉黃巾之起於漢蘓峻之亂晉安史之亂唐本皆巨盜宄渠伺朝廷之過執以爲辭幸生靈之怨倡而稱義遂至迭起州縣刦令殺守相挺爲亂今明盛之朝豈有大過竊聞長老之談或謂戚近撓權奸臣盜柄刑賞不必行小人不盡除紀綱不甚振此豈過之漸耶何則自古亂天下國家多自戚近撓權如漢之諸呂竇霍

唐之諸武韋張竊弄朝柄一敗赤族國家幾破今乃有肺腑領樞柄戚屬將衛兵漢南北軍之禍其監不遠倘不少戢是增朝廷之過而起奸雄之膽大亂之後豈宜復然晉趙王倫石勒之徒心窺人主口責宰相賣奸雄伺過而後動不幸因之以饑饑加之以災荒生民愁苦無聊則姦人乘隙奮飛血流千里此外患所以未弭寇盜所以尚多是雖追胥有程何以救其亂謹按昭十一年楚子虔誘蔡侯般殺之於申蔡般弑逆之賊王誅之所必加春秋反惡楚靈何也曰

討蔡般可矣誘而討之此匹夫之賊行春秋所甚惡也前日下詔書招納叛亡許以不死此輩皆投戈請命謂陛下示以大信也然而陽示以信陰加以刑是誘討也陛下爲人父母奈何以天子詔書爲誘人之餌臣恐大信一失則後來以招降爲悔自今上下猜忌如寇讐聚處得間則更相魚肉惟先發者爲雄耳何怪乎寇盜之未彌也臣前所謂擇守令以厚牧養而守令多不賢者朝廷輕守令也責按廉以戢貪暴而按廉多不才者朝廷輕按廉也守令一不賢則郡

縣受禍按廉一不才則守令敢於爲奸故責守令在擇按廉此祖宗之成法也太祖太宗注意守令尤切太宗嘗親選諸州長吏又親書其曆戒曰公務刑政惠愛臨民奉法除奸方可書爲勞績因顧錢若水曰朕暑中書此寧不勞乎葢爲任官擇人以安百姓耳嗚呼太宗不憚盛暑而親札賜行今守令則未嘗有召對者太宗躬自選擇而延見便殿今乃有付吏部而注擬者是朝廷輕守令也朝廷輕守令則守令輕郡縣郡縣之職一輕則牧養之方盡廢使要近州縣

或非其人復畏朝廷耳目之近尚憚不敢逞若遠方細民即使盜跖爲之守檮杌饕餮爲之令斯民雖千百爲羣號呼聚罵朝廷不知其爲害豈不大哉臣聞
太祖以錢文敏知瀘州戒之曰比聞郭思齊掊斂不法恃其遐遠謂朝廷不知耳至則爲朕鞫之夫瀘州去京師四千餘里而郭思齊不法
太祖已盡知之今州縣稍遠者其守令過失朝廷乃不聞則遠如瀘州者
陛下必不能知矣彼何憚而不爲盜耶然則所賴以糾察其弊者尚有按廉耳如使按廉又非其人則

其禍可勝言哉臣聞太宗以按廉之職出爲朝廷耳目或由聖選或由舉充選之既艱則任之亦重凡寬一按廉是壞一路之事一路不治是使數百萬軍民受殃自太宗即位勵精求治詔轉運使考核職任之廢舉又遣使廉察官吏之汚潔如劉文質察舉部内官吏則有遷移之寵如王德裔部内不治則有黜削之罰賞罰如此其嚴則按廉振威按廉振威則守令振職厥今守令不職是按廉未得人也往者遣使撫諭諸道天下想望風采以爲行被大惠卒之厨傳騷

然公行賄賂甚者責子女於郡縣輩家屬以偕行雖官以撫諭爲名而民有供輸之苦守令之外復增一蠹夫遠方細民不幸遭不賢守宰終歲抱冤引領輶軒之出以雪其憤而按廉又不才是使終身懷冤而莫之控訴也則民安得不多怨而易動此奸雄所以竊發也謹按春秋閔元年齊仲孫來聖人嘉而字之重其將命從宜以安鄰國之難方閔之初叔牙慶父媒孽魯禍閔公始立國人危如贅疣齊人可折箠取之當是時魯之輕重在齊仲孫乃能說其君使寧魯

難卒之閔不失國而魯人以安湫之力也經書仲孫之來喜其一出而民安魯存也以今兩河淮甸兵革之餘豈不甚於魯國之難而按廉之出未聞如仲孫以務寧魯難爲意者以春秋之法責之則罪人矣臣故曰守令不職是按廉未得人也夫以守令既不職而按廉又失職如此則陛下命令爲民而下雖十常六七而壅遏詔書者十常八九矣是陛下有恤民之詔無及民之惠州縣知有守牧之令不聞有天子之詔三數年來邊防用兵凡百科歛不以四方有無物

之處但嚴令督之近海州軍例科鎗幹居山州縣例買鵝翎有司既不辨有無州縣或罕能條奏官取一物民費數倍且如前日勸誘一事監司責辦於郡郡責辦於縣縣移文於鄉假軍期急速爲名廹若星火一有不至則械繫苦掠人皆畏死其敢有辭是名爲勸誘而實暴歛之監司郡守但務上供以悅朝廷則忽而不知省宰相大臣但務足用以悅陛下則知而不敢言上下相蒙民窮無訴是陛下恤民之詔雖多於孝文而天下乾耗乃甚於孝武傷和召怨咎將安

歸臣聞咸平中議改元赦書頗多蠲免或謂三司以惠澤太廣爲言眞宗責曰非理害民之事朝廷所不可行若赦令既行必使良人受賜矣時方午雷震帝惻然曰豈赦令少及民之惠上天以雷驚朕耶嗚呼祖宗以赦令未遍懼速天罰則陛下命令多壅實悖天心其害殆不爲細願陛下以春秋爲戒而謹持之以祖宗爲監而力行之毋以草茅之言而罷之則天下幸甚陛下中策臣以此又念迎餽之使接武在道而敵情未孚保國之謀刻意在兵而軍勢未張射純

儉以敦本而驕侈之習未悛擴大公以示訓而私枉之俗尚勝刑賞不足以振偷惰之氣播告不足以草狂悖之心田畝未安旱蝗害歲豈朕不德無以動天抑政令失宜而民以爲病乎何精誠之弗效而禍亂之難戢也此又見陛下聽於天而不聽於民之弊也臣謂陛下躬純儉而驕奢弗悛者是陛下未必純儉也廓大公而私枉尚勝者是大公未必能擴也賞罰不足以振偷惰是大柄下移也播告不足以草狂悖是危亂之兆也田畝未安而旱蝗害歲則生民失業

而怨沴並作也若乃遣迎親之使而敵情未孚則臣竊有說焉臣聞慶曆中契丹聚兵境上遣其使蕭英劉六符來聘是時使來非時而兵既壓境中外忿怨仁宗皇帝命宰相擇所以報聘者得左正言富弼片言折六符之謀卒挫虜主自景德以來北方無事八十餘年於此矣豈惟弼之力哉於時宰相則晏殊叅政則范仲淹樞密則杜衍韓琦諫官則余靖歐陽修皆天下之所仰望而北虜之所畏憚者彼知朝廷有人故弼之計得行而虜計不得逞以今廟堂之上宰

相有如晏殊者乎叅政有如范仲淹者乎樞密有如
杜衍韓琦者乎諫臣有如余靖歐陽修者乎臣知陛
下必無此等人物矣而欲求敵情之孚此臣所大惑
也臣聞猛虎所以百獸畏者爲爪牙也使棄爪牙則
孤豚特犢皆得搏噬之譬之國無勁兵則蕞爾醜虜
皆爲勁敵故春秋雖惡窮兵之禍至於兵不素養而
取其臨時者必深罪之謹按僖二十六年齊人伐我
北鄙公子遂如楚乞師公以楚師伐齊取穀說者曰
乞重辭也重師也臣謂聖人非惟意在於重師蓋甚

惡魯之無備也夫齊爲魯難久矣自甗之役齊敗於宋而魯不救是時孝公有切骨之恨至二十六年春侵我西鄙怨已結矣爲魯計者正宜早夜預防常若寇至乃恬然熟卧養成腹脇之疽報不旋踵而齊人伐我北鄙矣乃至乞師於楚以取穀焉假夷狄而伐中國不可之最大者也以今醜虜大張害甚於齊而兵不素養乃甚於魯議者乃欲借助兵於高麗何異乞師於楚以伐穀者哉是陛下徒知軍勢之未張而不知軍將之未練可爲陛下痛哭流涕者此也國初

劍南交廣各僭大號荆南江表止通貢奉西戎北狄未盡賓服太祖垂意將帥命李漢超等守關南命郭進禦并寇命姚守斌守慶州以爲既得名將非厚通其意無以得其死力故許収逐郡關征酒榷之利不惟養犒士卒兼使豐富其家又慮所費不足仍許圖而其家屬在京師者並厚撫之則將帥之心更無私慮但專力於邊事而已又慮奏陳之事未盡機要時許入朝自陳至升殿賜坐又復厚賜遣之以故邊臣多富於財得以養募死力使爲間諜盡知番夷情狀

多致克捷二十年間無西北之憂平西蜀復湖湘下嶺表克江南盡得東南之地雖諸將之功實太祖馭將之力也以今將佐偏裨其雄挺孰與李漢超其才畧孰與姚守斌其鎮重孰與馬仁瑀其運籌決敵孰與韓令坤以陛下駕馭諸將孰與太祖然而借之重權祿之顯秩賜之重賞其恩禮已越先朝數等矣是陛下擇將不如太祖而恩禮則過之適足以啟諸將之驕心而長奸臣之觖望假令収復兩河迎還二聖陛下何以加之夫戰勝之兵勇智百倍敗亡之卒没

世不復葢所以戰勝者氣也今之士不戰而氣已索此天下之大憂也昔者六國之際秦人出兵於山東開關延敵六國之師皆逡巡不敢進然長平之敗廉頗猶能收拾餘燼北摧栗腹西抗強秦振刷磨淬不自屈服是時秦人圍邯鄲梁王使新將軍如趙欲遂帝秦而魯仲連慷慨流涕深以爲不可非徒惜帝秦之虛名惜天下之大勢有所不可也而議者乃謂宜尊奉夷虜不可一觸其意陛下何不以魯仲連抗秦之事諭之然則何怪乎軍勢之未張也夫春秋何爲

而作也爲天下無王而作也周衰天下不知有王陪臣竊國命家臣僭大夫聖人有憂之作春秋以代王之賞罰書天子書王書天王者誅賞之大柄也書天子書王皆其常稱也其曰天王則至大之稱天王與周官司服所稱天王皆以嗣君之初君道未著人心未寧正危疑之機大奸之所伺非常之時故大威武以防之稱天王者大威武以防天下之時故曰非常也然則又書天子書王何也曰春秋作王者威權喪矣大政大法諸侯擅而行之怙強恃衆迭相吞據是

本弱末大之勢名分大亂之日非剛健大過之才若九五焉不足以振其弱非毒衆窮討之役若唐太宗焉不足以戡其亂故仲尼於春秋凡有出於王之爲者皆書天王言於斯時王之所爲當大誅賞不可循常與後世興王之知變也是時吴楚之君皆鴟視虎踞僭號稱王諸蠻羣酋薦據中土如此則文辭之告猶可治之也與霸侯暴國迭相傾噬伯子之存不能十數如此則誅賞之令猶可治之也與故曰如有用我者吾其爲東周乎東周僅存禮文而已非撥亂反

正之道也故春秋必書天王者正賞罰於大亂之時也若事非王爲但從諸侯之稱只書王者禮之常也其曰天子者所謂至貴以親諸侯也莊王不稱天王以其寵賊逆之人不足以當至大之稱故去天字以重其譏重莊王之譏則魯元之罪彰矣春秋大逆外始於州吁内始於魯元聖人著其惡如此若曰世亂則從惡者衆趨善者鮮善若不予則是賞不足以有勸大奸大惡不加誅則是罰不足以有懲賞罰不行而能興衰撥亂者無有矣陛下臨御之初正春秋危

疑之機稱天王以臨下之時大柄大權乃悉竊弄於
權臣之手太阿倒持杈之良難是陛下有春秋之亂
而無春秋之賞罰則何以駕馭羣雄而平大亂也竊
觀太祖太宗所以取天下其大要在賞罰二事而已
當時賞則常薄罰則常嚴方澶淵之役李繼隆有疾
戰破虜之功但加開府階耳臣嘗怪真宗何賞如是
之薄也其深意以謂既殺虜將而不能破其衆此將
之可責也有將帥之寄而獨賞内臣不可以爲後世
法此所以薄其賞也一也又以自古宦者領兵未嘗

不爲亂如太宗朝内侍王繼恩出平内亂有大功止受宣政使耳謹守先帝之法而不敢違此所以薄其賞也二也至馭之以刑則未嘗不嚴且如王將戰没則降斥别將如王繼勳者誅戮親兵如荆罕儒者威令如此嚴則人皆奼力求賞故太祖兵法罪不在赦而春秋兵法尤嚴於馭軍城濮之役楚師敗績則得臣死之書曰殺其大夫得臣罪在得臣也鄢陵之役楚又敗績則子反死之書曰殺其大夫公子側罪在子反也二子皆以失律喪師不逃重戮則見夷狄用

兵其刑賞常嚴而中國常寬此夷狄所以常得志成襄之後中國累累受制於吳楚者抑有由矣厥今軍勢未張而動見敗衂是有春秋之亂而無春秋之賞罰臣故曰賞罰不足以振偷惰則是大柄下移也如使大柄一移則陛下徒擁虛器而已何怪乎播告不足以革狂悖也然臣愚不識狂悖者爲誰謂前日詆忤權臣者爲狂悖乎謂左右便嬖爲狂悖乎謂前日詆忤者爲狂悖則臣不敢奉詔如謂左右便嬖爲狂悖則陛下豈不能斷然而去哉竊料陛下所不能去

之者則是推誘權臣之弊也自古以推誘臣下爲盛美然亦或以治或以亂漢高祖推誘羣杰則治至其後推誘王鳳王音至於王莽則亂光武推委二十八將而取天下則治至其後推委后族至於董呂二袁則亂魏委荀彧則治至委司馬則亂唐文皇駕馭英豪而取天下則治至明皇推委李林甫楊國忠則亂初以推委而天下治終以推委而天下亂何弊之然哉當推委之際超擢十人上從其九是九人之恩出於下矣如此則數年之間左右前後皆權臣之黨也

若斥削十人上從其九是九人之威出於下矣如此
則數年之間中外遠近無敢忤權臣者以故忠義解
體而上下之勢孤也前日將相大臣恣意誅戮寃及
無辜陛下不得一舉手此豈非推委之弊耶明皇天
寶之禍未大遠也此可不爲寒心哉厥今天下大體
皆壞獨祖宗德澤未泯人心未厭譬尫病之人奄奄
待盡獨氣血僅存耳如使人心一離則是氣血又將
絕天下無復可言者矣而陛下以田畝未安旱蝗害
歲爲患則是生民失職人心將離氣血將絕之時也

謹按春秋灾異變見常與人事相符灾異見於上則禍敗應於下猶鐵炭之低昂其効可信凡春秋書螽者旱蝗之害歲也然書螽凡九而哀公十數月之間凡三書之甚之也甚之者疾其害民之甚也按是時十三年之間而師師伐某侵某取某戰於某比他公爲特甚干戈至此而糜爛其民矣生靈至此而爲血肉矣黄池之會夷狄主盟中夏天下日趨於亡矣乃從暴興田賦民怨禍稔歲大旱蝗人有艱食之苦聖人於此不一年而三書螽傷之也是知旱蝗之患實

兵戈怨毒之餘所由作也比年以來醜虜横行干戈爛熳而不息未嘗一年間不戰生民日委頓四夷日恣肆天下不知有生之樂幾年於兹矣創痍之民肝腦塗地坵隴發掘暴露枯骨齒腐血流者不知幾億萬生靈之命陛下不得而見也士卒死邊野之外婦哭其夫母哭其子寡婦弱子抱負轉車望寃弔哀於千里之外塗悲巷哭怨痛徹天陛下不得而聞也陛下不見其所見不聞其所聞驅民萬死之地而卒無一毫之利積毀銷骨積怨傷和陰沴作而灾疫興何

怪乎田畝未安蝥蝗之害歲也今者兩河淮甸赤地千里飛蝗蔽天公卿大臣熟視無計而請爲遣蝗之舉嗚呼即使蝗而可遣是移心腹之疾而置之股肱不知他境之民何苦而加之哉臣聞天僖中真宗以再歲旱蝗秋稼不稔慨然動念實慮政令闕失有爽天意因詔削茶鹽條禁之峻刻者以懲旱蝗之灾以今政令闕遠豈惟茶鹽一二事而已臣知旱蝗之害實天心之大警陛下也而議者尚謂天灾流行由曆數運會非政令失宜之咎嗚呼天下有善則歸諸已

天下有禍則歸諸天此豈聖賢之用心也願陛下少拔誅討少息調發練兵實粟養吾鋭氣而全中國之力以消旱蝗之灾毋以精神弗效而怠惰毋畏禍亂難戡而息志以春秋爲戒而謹持之以祖宗爲監而力行之毋以草茅之言而罷之則天下幸甚陛下中策臣以此又念朕欲復親族奠疆埸靖寇攘善風俗使百姓樂業而亹亹逐衡何修而可以臻此臣於是有以見陛下真得興衰撥亂以起天下之病也竊覩陛下首懷父母兄弟之憂中念迎親之使至此又以

復親族爲言是陛下痛念二聖鑾輿暴露而未有迎復兩宮之策也夫漢高祖所以還大公於楚軍豈獨侯生力哉臣嘗論高帝有勝項王者五以兵強力壯則楚不如漢以三傑爲用則楚不如漢以駕馭諸將則楚不如漢以關中廩粟之富則楚不如漢以關中形勢之重則楚不如漢五者皆項王所不如則何苦而拘太公哉以今凋敝之餘無漢之兵力無漢之三傑無漢之駕馭無漢之廩粟而又適遠上都棄去兩河則又無關中之形勢而欲求親族之復雖使如侯

生千百輩徃焉臣知其無能爲也故臣嘗謂欲復親族莫若復兩河不得兩河則親族不可復今陛下以奠疆埸爲念是欲復兩河也兩河得失繫天下輕重唐神堯起晉陽以一旅取天下而後世子孫不能以天下取河北其難如此晉於春秋爲大嘗驅役諸侯至秦萃銳兵之晉乃得韓遂折天下脊及韓信聯齊有之故蒯通知漢楚輕重在信宋武號英雄得蜀關中盡有故疆十分之八然不能使一人渡河以窺邉是兩河之地王者不得則不王霸者不得則不霸賊

得之則天下不安臣故曰不得兩河則親族不可得而復也咸平中真宗與王濟論邊事濟言蠢茲醜虜敢爾憑陵蓋謀謨當位之臣未有昔人之比且國家所恃獨兩河耳此誠急賢之秋不然臣懼北戎飲馬於河渚矣嗚呼濟之言誠切中今日之病臣謂欲復親族而收兩河亦誠陛下急賢之秋當以濟言爲監也然當今最大患者親族之未復疆埸之未奠寇攘之未清而臣愚所最患者風俗之敗壞也風俗天下之筋絡也譬人之身所恃以維持血氣者惟筋絡耳

風俗一敗則筋絡又絶矣漢唐之亡其弊皆風俗之先壞也故臣嘗論東漢之亡與李唐大畧相似東漢之季閹人亂政毒被生靈豪傑據郡而起天下遂裂爲三國唐末宦者蠹於内藩鎮潰於外天下遂磔爲五代然三國之士其好惡去就尚有可觀雖天厭漢德而劉氏猶擁虚器亦卒以禪代終五季之亂其臣悉兇狠頑鄙戕賊君親專爲梟雄豈天於東漢之季獨多君子而唐末專爲小人哉誠風俗漸染然也中原亂亡自古更迭亦天下常事葢未有不亡之國然

當其時有推變於天道而言者有以人事前知而言者有握節而死者有衛社稷而死者有憤國破亡奮不顧并家族破滅者亦有知幾之士掛冠而去不蹈其禍者我國家涵養天下之士久矣士大夫受君父之賜亦甚久矣一朝國家有難自公卿劍履間以及下之百執事凡幾人　自王畿以達郡邑有位者凡幾人前知而言者爲誰死名節者爲誰死社稷者爲誰狥國者爲誰知幾而掛冠者爲誰推變於天而知其將亡者又復誰也方晉南渡士流尚有聚於新亭傷

國之衰對江山而下泣者周之東遷尚有不恤其緯
而憂宗周之隕者以今兩宮播越則非直東遷之辱
也陛下倉皇遠狩則非直南渡之迫也誰復有泣對
江山而憂宗廟之隕者哉自晉風俗之壞而海内横
潰生靈魚肉幾二百餘載以晉監今其禍可勝言哉
昔田横齊之豪士耻北面臣漢遂自殺從者五百餘
人皆死之無一人降漢者諸葛誕魏室一叛臣及其
既敗所養死士三百人就戮皆曰爲諸葛公死無憾
今之士大夫蒙國厚恩何啻齊卒之受恩於田横死

士就養於諸葛哉而含垢忍耻視君父之戮辱甘心焉嗚呼縱不愧田横之客而寧獨不愧諸葛之奴耶臣故曰今之最大患者風俗之敗壞也風俗一敗則筋絡又將絶矣願陛下以春秋爲戒而謹持之以祖宗爲監而力行之毋以草茅之言而罷之則天下幸甚雖然陛下策臣等數十條皆當今之大弊臣既已極言之而聖策尚謂子大夫涉艱險以副詳延誠亦勤矣其必有至言欲爲朕陳者其悉言之無隱若乃矜空文而無補於實咎既往而無益於今者非朕之

所欲聞也其以朕所未聞而切於時者言之朕將親覽焉臣又見陛下真有意求苦口之言以救天下之病也然臣觀陛下求苦口之言雖若甚切而在廷之士必不敢盡言無諱何也臣聞鵲巢覆則鳳不至直士受禍則忠臣杜口徙者從東南來道路籍籍咸謂陛下即位以來不旬月之間戮直言者三有是乎豈道路之妄議乎倘如所言則傷威損德爲害不淺謹按春秋陳殺其大夫洩冶說者謂洩冶以直諫被誅國之大惡時蓋宣公九年也而十年有徵舒之禍十

一年而楚子入陳不三年之間而陳國大亂嗚呼戮直言之士而禍至於此然而泄冶被誅權不在陳靈而在徵舒前日義士被誅權不在陛下而在左右專殺之禍春秋大惡而況專殺直士惡又甚焉此楚子入陳所以得藉口而討徵舒也醜虜乘隙將以假討惡爲名而躡入陳之軌矣臣是以卜在朝廷之士必不敢盡言無諱也然而臣猶敢區區竭愚者竊自惟念陛下詔臣等無矜空言而陳實務則陛下知前日濫誅爲過而改之是陛下樂聞其過矣臣而不言是

臣負陛下言而不從是陛下負臣抑臣嘗聞太平興
國中有布衣皂囊獻書者其辭狂妄太宗覽之弗罪
因謂宰相曰比降詔書許言事故雖狂悖弗加罪至
淳化中武程上疏狂瞽李昉請加黜削以懲之太宗
責曰朕曷嘗以言罪人哉嗚呼太宗樂聞直言如此
而大臣尚請黜直言之士幸而太宗不從如使太宗
不樂直言而李昉之請得行焉則武程者几上肉矣
今臣累千萬言則其罪過於皂囊之書以臣疎賤則
甚於武程而有狂瞽之論使陛下樂聞讜言尚惡見

忌借使人主一惡直言大臣如昉者又從而媒孽之則臣亦危矣幸陛下以祖宗爲監而擴太宗納諫之量太臣體陛下之意而無李昉惡直言之心則畏避而不敢言者亦臣之所竊耻也臣故曰願陛下以春秋爲戒而謹持之以祖宗爲監而力行之毋以草茅之言而罷之則天下幸甚臣謹對

策問四

問誦其詩讀其書不知其人可乎知其人者非他知其心與道也心與道豈不同條共貫哉然堯舜禹湯文武一道也書於堯舜文武言聰明於湯武不言於湯文武言齊聖又不及禹或曰禹入聖域爲未優文武俱稱憂勤或以損壽或以延年齊威晉文俱稱節制或曰不譎或云不正高光總攬一也或言英雄或言權剛文景恭儉一也或見本紀或不見本紀漢唐勵精一也或致中興或幾致太平宣光中興一也或

用雜道或用柔道此數者蓋理亂興廢之效相戾如此其故何哉學者尚論古人如不探其心則小白之功無以異於重耳不究其故則孝宣中興與光武何殊焉詳考數君所以相戾之原安在以發固陋其悉言之

問两漢三國迄唐名臣衆矣議者謂以身徇義漢惟汲黯蕭望之李固三人三國惟張昭一人唐惟魏鄭公狄仁傑二人而已嗚呼一何鮮哉夫西京如王陵周勃龔勝王章蓋寬饒劉輔東京如李膺陳蕃孔融

蔡邕魏如荀攸賈詡崔琰毛玠吴如顧雍陸遜周瑜魯肅蜀如諸葛孔明唐如李太亮褚遂良宋璟張九齡顔真卿陸贄宜若以身殉義者不爲少而獨取六君子者其故何哉必有深旨願考核以告

問春秋書作丘甲公穀云丘作鎧甲杜氏謂丘出甸賦先儒皆以爲不然而説者又引李靖之論以爲周制一乘步卒七十二人甲士三人以二十五人爲一甲凡三甲共七十五人令使丘出一甲是一甸共百人爲兵矣夫一丘所出止十有八人積四丘而具一

乘爾頓增一甲不已重乎審如所說三甸而增一乘乎每乘而增一甲乎若三甸而增一乘不得云甲若每乘而增一甲何預於坵且賦雖不同其數皆增之一通計之則是十增三也至哀公何得云二乎諸君學春秋有日矣願商確以告

問地理之異同尚矣虎牢一也而傳有三名哀牢一也而史有三名泚水一也或在泚陽或在得縣碣石一也或在北平或在常山言熊耳者互有區別論龍淵者自相矛盾湯都亳而杜別有亳楚都荆而岐別

有荆江統博物而以沛鄭爲南陽之鄭潘岳滄識而以陝曲沃爲成師之曲沃可乎陰山在崑崙西二千七百里而班固以爲在匈奴中弱水在西域三萬里而司馬賦注以爲出張掖郡此又何也至若彭城渠搜之類非一不暇縷數諸子多見多聞願試揚搉

卷之五畢

胡澹庵先生文集卷之六

宜川後學符乘龍斯萬　校閱

宋廬陵胡銓著　鍾蘭映奎　紹虞賡文

澐龍篆　廷棟騎屋　編輯

嗣孫　定靜園　近仁元長

逢盛亮釆　值夏道院　永陽院背　仝訂

制誥

實錄院吏張昇循修職郎制

昔絳侯落膽於書牘之示溫舒寒心於刻木之爲刀

筆之可畏若此汝乃能擇術而吏於實録院從事鉛槧其設心亦不惡矣進書循資庸錄汝勞且以愧書牘刻木者之賤勉悉乃力可循右修職郎

武節郎金均房三州都巡檢使馮綬降官制

古之爲吏者有所謂不忍欺如宓子賤有所謂不能欺如鄭子產有所謂不敢欺如西門豹子賤子產遠矣有志乎古猶可爲西門豹也汝職三州警捕任亦重矣自欺其心詭名冒券不能使人不敢欺視豹良有醜焉至於近監而牟利蓋跖徒也特鐫一官尚曰

輕典省愆自劾朕不終棄

侍御史周操兼侍講制

德之不修學之不講是吾憂也在易麗澤兌君子以講習夫兌悅也聖人以學不講爲憂而以講習爲悅講讀之義深矣易必取於二澤之麗者以其有交相滋益之理耳然則其悅也豈紛華盛麗云乎哉朕自登無隄之輿日有孤陋寡聞之患爰開邇英萃講讀之官庸資博約爾擢自諫苑旋躋横榻知無不言無吐剛茹柔侮鰥畏强之譏臺風凛然進參經筵僉論

惟允夫古之任是職者在漢如張禹鄭寬中止優於學有歉於剛方在唐如褚無量馬懷素專贍於文所之者骨鯁兼之者於爾乎責然要當盡夫交相滋益之理使膏澤下於民則其爲悦也大矣

長大祗候東西班都知權信可敦武郎制

昔顔高之弓六鈞技或未進而由基之射七札忠則無聞爾陸戟有年復工乎射比加閲試藝頗絶倫往即銓曹授官武列服予寵命毋忘報效可特受敦武郎

成忠郎兼水軍同統制馮湛轉官制

風濤戰扶胥海賊横尼子自古所歎朕擇牧守不能盡善致赤子弄兵璜池陸梁廣舄之濱以殘吾氓幾有扶胥尼子之横爾式遏寇畧克清鱷妖聿収淮汭之功可緩彤門之賞乎進官一級庸録汝勞祗服寵休勉圖報效

梁珂解帶特轉遙郡一官制

古者無所不佩以修身則曷若韋弦之戒以禦侮則莫如弧矢之威夫韋弦之戒朕既勉之弧矢之威敢

忘汝佩服之勞乎爰昭戎果序進州團無忘解帶之遷勉竭内坊之節服予明訓嗣有渥恩

曾覿解帶特轉遥郡一官制

垂櫜而入爲非禮則左弭爲恭執氷而倨爲不武則腰矢爲穀爾秉德樸實賦性忠淳知弧矢之利以威天下而能左右佩服者以周旋其視垂櫜執氷者不既賢乎比其解也不有以酬其勞可哉加勇爵序進州團其克欽承以圖報效夫郤縠説禮敦詩其則不遠祭遵輕裘緩帶陳義甚高爾能慨慕若人俾厥后

毋專以弧矢威天下則予一人以懌

戞執中特補承信郎制

昔班姬雖貴叔皮自以學聞而馮媛之賢野王不屑倖進爾乃椒風之寵獲聯武爵之榮其視叔皮野王則有間矣苟能以氷蘗戰膏粱亦庶幾焉服我明訓俾厥后勿若漢元私後宮之陋則予汝嘉

戞執中除閤門祗候制

祖宗時常欲以閤門祗候授一武列司馬光奏云此在文臣猶館職也豈可輕授然則其職不已榮乎爾

以椒除之寵雲幕之親資性小忠遜膺茲選宜服大練之化勿忘濯綺之箴毋若漢五依倚后家致黃霧四塞之變惟乃之休予一人亦永有令聞

忠翊郎添差福州指使潘喜降官制

往來使客多是武臣踰越條流廣求供給此唐第五琦所奏也國朝多仍唐舊驛有條流尚矣爾不知守而冒役遞兵歛吾成法實戾琦奏鐫官一等庸示小懲往省厥愆朕不終棄

侍衛步軍司擺鋪使臣王仲降官制

傳曰盜所隱器與盜同罪爾職置郵不能戢奸致羣卒白晝剽人於道同罪之罰其將焉逃執秩有辭褫官二等尚云輕典庸示小懲往省厥愆勉服雖賞不竊之訓

泉州晉江尉徐公壽循資制

海鶻之患古人深憂尼子之橫前喆所歎日者閩部有扶胥警官吏望風服弁爾乃能執馘執俘以靖海氛加秩策勞庸昭懋賞

知藤州廖顥降官制

有民人社稷任莫重於一麾死城郭封疆義可忘於二戒爾職在蕃宣之寄民惟父母之依初乏扞城如金湯之謀徒務全身保妻子之計寇至則先去殊乖禦侮之忠人殺則曰兵深負保民之望官鐫二等庸示小懲罪逭三危尚云輕典服予明訓徃省厥郵

王時升吏部侍郎制

古吏部十銓權在吏部故激濁揚清其任不分今侍郎二選權歸朝廷故據資按格其職或貳其任不分則於振滯淹也易其職或貳則於振滯淹也難爾具

官其以介然自守之資負卓爾不羣之器權司民部無牢盆邸閣之私晉陟天官協剛腸精心之譽公方比玠識量推濤允合提衡仰契玉衡之正竚膺賜鏡以旌藻鏡之明檢吏杌奸與清廉沸推賢揚善毋效蟬寒

王時升磨勘轉官制

特槖高選薀儒者之至榮執秩叙遷亦吏曹之故事顧雖居於切禁曷可廢於常規以爾具官其卓乎不羣介然自守擢司民部自言泉柄之非長晉貳天官

衆論銓衡之必允例進文階之等以酬爵簿之勞三考陟明庶仰追於虞典八年錫命期遠邁於周邦嗣有渥恩無忘溫訓

王時升除集英殿修撰知婺州制

高位疾顛古今所歎急流勇退賢喆惟艱常恐若人不見茲世具官某進以德選居以才稱方需陳力之能遽上乞身之請重違素志殊咈虛懷眷乃名家蓋本譽兒之曹參華書殿聊將婺女之麾斯民方困於誅求爲政必先乎豈弟勉思撫字以拯彫殘噫汲鄭

雖在淮陽肯念禁闥蕭傳遠居獻次雅意本朝往祇厥官尚期納誨

知盱眙軍周淙除直徽猷閣制

昔漢黄霸杜延年治郡有迹則賜秩或賜璽書加責治理有效則增秩賜爵或賜璽書徙官孝宣信賞必罰大畧具是矣爾守盱眙勤於招懷有乘障之方審於問探得覘國之善治理之效庶幾黄杜進直凝嚴亦古增秩徙官之義爾尚勉之克固吾圉自有醲賞

知吉州王佐除直寶文閣制

具官某歸潁州而奪京尹次公蒙貶秩之羞由北地以遷西河延年有徙官之寵勸懲之際賞罰攸分爾蚤以時髦譽爲首選輟自記言之地出分共理之符扬大藩以擊强芟甘棠而聽訟僉爲邦之去殺嘉臨郡之有聲進班寶閣之華增貢鈴齋之靚卓然治行期追天下第一之稱踈爾宗風勉繼京兆有三之譽竚聞報政亟下賜環

何伯謹太學博士制

具官某立師惟一卷之書昔聞其語博士中三科之

選今豈無人爾學有淵源行有矩矱寘諸尚席允謂當仁師嚴道尊端在表儀之正教行俗美竚觀長育之能

宋之才父右中散大夫道元贈官制

已孤不爲父作謚雖曰格言爲善思貽親令名是謂達孝敷文閣待制宋之才父贈右中散大夫道元孳孳慕栒邑之學凜凜有廣平之風生既不能盡其才死無可以伸其志矧其有子能發幽光宜加封冢之恩肅示漏泉之澤噫申鮮虞之摯雖代有顯人欒武

子之鍼則後無令德如爾義方之訓允符深業之春沒而有知歆我明命

劉章除秘閣修撰制

觀過有遺珠之歎指疵知白璧之全人苟無瑕孰明其善具官某養氣無餒經德不回頃對廣廷以一日而蓋天下及官潛邸陳大是以輔朕躬旋班起部之聯靡或行思之越胡爲久外未此來歸晉參雲閣之華徃即琳房之便尚須恬養以稱所蒙噫朕躬有罪而無以萬方予深期於聞過直道事人而焉不三斥

爾無懲於獻忠嗣有渥恩無忘溫訓

敕文閣待制周縮故父湯贈開府儀同三司加

少保制

伯道無兒雖曰天命臧孫有後本諫君違究觀積善之家必獲自天之佑具官某父某義方立愛禮學明倫知籯金不敵於一經謂尺璧實輕於寸晷遂令鵠峙近在鯉庭重惟忠教之誠宜享慶餘之報以顯父孝之忠也諒深封冢之思惟篤親民興仁焉肆霈漏泉之澤進居帝保庸赫皇靈營魄有知歆我明命

故母榮國夫人葉氏贈定國夫人制

大夫妻之法度娩南澗之三章大夫人之起居繼江陵之八坐孰云茲世無復若人具官某母榮國夫人葉氏有召南下德之均體鄭國三遷之教閫儀端靚世楷慈祥家有嚴君何但衆人之母門惟孝子能令臣節之忠肆新太國之封用示小君之勸營魄不昧歆我明靈

故繼母嘉國夫人宋氏贈福國夫人制

讀丘明聲子傳而知繼室之爲重讀韓愈顧威狀而

知繼母之尤親其追賁之典顧可異哉具封某氏系出廣平慶餘栒邑是生仲郢每和藥以助勤能教子輿屢徙鄰而擇善疏恩飾壤庸示發潛沒而有知歆兹茂渥

知衢州沈度轉官制

具官某作甲非古聖筆有重歛之譏繕甲以時君子歎治兵之美爾以坐嘯餘暇率先他郡濟吾與法至於鎧仗之末亦精其能雖古七札之堅三屬之鋭無以加焉進官一等用策爾勞其勉思有虞器不苦窳

之言使披堅執銳者無于思之譏以固吾圉不亦善乎

刑部侍郎路彬磨勘轉官制

九年黜陟考績之法惟公三歲賞誅計法之書具在顧雖恭於法從詎可廢於常規以爾具官經德不回秉心無撓守一成而爲彰明兩造之惟艱謂民罔中而惟爾之中敢忽君牙之戒故身蹈死以救人之死庶幾洪敏之爲是用酬爾之能彰予之信稽積勞於執秩加峻等於清階其勿墜於家聲庶有光於時論

洪适除司農少卿江淮總領制

具官某昔顔氏温氏兄弟在隋唐最盈顔以學業優而温以職位顯朕甚嘉之爾兄弟學業既優職位亦顯視顔温何愧焉矧總戎之勞濟吾興法雖鄭侯根本於關中而子翼轉輸於河内葢未足多進掌周稷之業亦云稱矣夫少皞以九扈爲九農肇興種植而能覢改司農爲司稼益廣畊芸循名以考張官之由則營田積穀以實塞下詎可緩哉爾尚勉之

卷之六畢

胡澹庵先生文集卷之七

宜川後學符秉龍斯萬　校閲

宋廬陵胡銓著

鍾蘭昳奎　紹虞膺文

澐龍篆　廷棟騎屋

嗣孫

定静園　近仁元長　編輯

逢盛亮采　值夏道院　永陽院背　仝訂

奏疏

戊午上高宗封事

紹興八年十一月日右通直郎樞密院編修官臣胡

銓謹齋沐裁書昧死百拜獻於皇帝陛下臣謹按王倫本一狎邪小人市井無賴頃緣宰相無識遂舉以使虜專務詐誕欺罔天聽驟得美官天下之人切齒唾罵今者無故誘致虜使以詔諭江南爲名是欲臣妾我也是欲劉豫我也劉豫臣事醜虜南面稱王自以爲子孫帝王萬世不拔之業一旦豺狼改慮捽而縛之父子爲虜商監不遠而倫又欲陛下效之夫天下者祖宗之天下也陛下所居之位祖宗之位也奈何以祖宗之天下爲犬戎之天下以祖宗之位爲犬

戎藩臣之位陛下一屈膝則祖宗廟社之靈盡汙夷狄祖宗數百年之赤子盡爲左衽朝廷宰執盡爲陪臣天下之士大夫皆當裂官毀冕變爲胡服異時豺狼無厭之求安知不加我以無禮如劉豫者哉夫三尺童子至無知也指犬豕而使之拜則怫然怒今醜虜則犬豕也堂堂天朝相率而拜犬豕曾童稺之所羞而陛下忍爲之耶倫之議乃曰我一屈膝則梓宮可還太后可復淵聖可歸中原可得嗚呼自變故以來主和議者誰不以此說啗陛下哉而卒無一驗是

虜之情僞已可知矣而陛下尚不覺悟竭民膏血而不恤忘國大讐而不報含垢忍耻舉天下而臣之甘心焉就令虜決可和盡如倫議天下後世謂陛下何如王況醜虜變詐百出而倫又以奸邪濟之梓宫決不可還太后決不可復淵聖決不可歸中原決不可得而此膝一屈不可復伸國勢陵夷不可復振可爲痛哭流涕長太息也向者陛下間關海道危如累卵當時尚不肯北面臣虜況今國勢稍張諸將盡鋭士卒思奮只如頃者醜虜陸梁僞豫入寇固嘗敗之於

襄陽敗之於淮上敗之於渦口敗之於淮陰較之前日蹈海之危已萬萬矣倘不得已而遂至於用兵則我豈遽出虜人下哉今無故而反臣之欲屈萬乘之尊下穹廬之拜三軍之士不戰而氣已索此魯仲連所以義不帝秦非惜夫帝秦之虛名惜天下大勢有所不可也今內而百官外而軍民萬口一談皆欲食倫之肉謗議洶洶陛下不聞正恐一旦變作禍且不測臣竊謂不斬王倫國之存亡未可知也雖然倫不足道也秦檜以腹心大臣而亦爲之陛下有堯舜之

資檜不能致陛下如唐虞而欲導陛下如石晉近者
禮部侍郎曾開等引古誼以折之檜乃厲聲曰侍郎
知故事我獨不知則檜之遂非狠愎已自可見而乃
建白令臺諫從臣僉議可否是明畏天下議已而令
臺諫從臣共分謗耳有識之士皆以爲朝廷無人吁
可惜哉孔子曰微管仲吾其被髮左衽矣夫管仲霸
者之佐耳尚能變左衽之區爲衣冠之會秦檜大國
之相也反驅衣冠之俗歸左衽之鄉則檜也不惟陛
下之罪人實管仲之罪人矣孫近傅會檜議遂得參

知政事天下望治有如饑渴而近伴食中書漫不可否事檜曰虜可和近亦曰可和檜曰天子當拜近亦曰當拜臣嘗至政事堂三發問而近不答但曰已令臺諫侍從議矣嗚呼參贊大臣徒取充位如此有如虜騎長驅尚能折衝禦侮耶臣竊謂秦檜孫近亦可斬也臣備員樞屬義不與檜等共戴天區區之心願斬三人頭竿之藁街然後羈留虜使責以無禮徐興問罪之師則三軍之士不戰而氣自倍不然臣有赴東海而死耳寧能處小朝廷求活耶小臣狂妄冒瀆

天威并俟斧鉞不勝隕越之至

魏叔子曰：字字如鳴金鐃，如揭日月，如挾風霆，誠千古至文。獨惜其曰檜也不惟陛下之罪人，實管仲之罪人矣。管仲攘夷狄以尊周，檜殺忠以賣國以媚寇，相去何止人畜。如檜者但名曰此莽操之罪人耳，而曰實管仲之罪人，是引罵檜乃以贊檜矣。此蓋宋儒三尺之童羞稱五霸習氣也，而文字至此亦不能透出精神。余為刪其孔子曰以下六十八字。

應詔言事狀

臣聞位卑而言高罪也立乎人之本朝而道不行恥也臣七月二十三日伏准省劄七月十六日三省同奉聖旨秋陽亢旱飛蝗冱野星變數見朕心懼焉意者政令多有所闕賞罰或至不當朕惟側身求應以實卿等各思草正積獘勿徇倖私務塞灾異之原稱朕寅畏之意七月二十一日三省樞密院同奉聖旨劄與侍從臺諫兩省官照會仍依今月十五日已降指揮各條其時政闕失奏聞臣伏讀聖訓中夜以

興思所以對遂言之則懼位卑言高之罪欲嘿而已則又惡立乎人之本朝而道不行之耻退自惟念與其忍耻以生曷若獲罪以死況聖明在上容受强直萬無獲譴以死之理臣何忌而不言伏讀聖訓曰秋陽亢旱飛蝗在野星變數見朕心懼焉臣有以見陛下遇災而懼畏天戒之切也謹按春秋書不雨書旱夫旱亦不雨奚又書旱得非旱比不雨加甚乎且春秋書旱必於夏秋不雨皆於春冬周之夏秋則建午建未建申皆其月也是時天或不雨則盛炎曝物立

致枯槁故詩云旱既太甚赫赫炎炎不雨雖無是酷然甚者亦兼旱焉如文二年自十二月不雨至於秋七月十年十三年自正月不雨至於秋七月是也雖皆歷夏抵秋而不言旱者葢事起春冬不可書旱已書不雨則不可中變言旱故但撮其月總言之欲人觀之則知旱居其間且見其災之久也若不爲災經自不書故經無書一時不雨者不爲災也惟莊三十一年書冬不雨者葢譏莊公冬不雨猶不惜民力明年春又城小穀也其他不雨必踰時而後書爲災之

深淺觀文則辨焉云冬十月不雨至正月不雨夏四月不雨六月雨者則見夏無麥而秋猶有救也（僖公二年）云十有二月不雨至於秋七月（文公二年）自正月不雨至於秋七月者（文公十年十三年）是一歲之望盡失也八月雖雨已後時無益故畧而不書不爲災者但書時（莊公二十一年）爲災輕者書首月（僖公二年三年）重者總始末而言（文公二年十年十三年）書法如此正欲別爲災之輕重而傳云不雨不爲災夫萬物須雨而生須雨而成一時愆亢猶有所損且不雨有幾稱年者三（文公二年十年十三年）安可謂

不爲災乎穀梁謂一時不雨爲閔雨歷時不雨爲不閔雨且僖公果有志於民則必不愛牲幣懇請禱祈經亦必書如書之雲漢以著其善今但云不雨則愛民之意於何見乎陛下深閔秋陽亢旱誠得春秋書不雨之微旨然宣王憂旱之誠不過禱於先祖以及山川鬼神蓋祀典之正非若今繳福於佛老氏爲異端之教也臣願陛下熟觀春秋不雨之旨躬行周宣憂旱之誠以應天可也飛蝗在野臣又請以春秋明之謹按魯隱五年書螟釋虫云虫食苗心曰螟食葉

曰螣食節曰賊食根曰蟊李巡曰食禾心爲螟言其奸冥冥難知也食禾葉者言其假貸無厭故曰螣也食節者言其貪狠故曰賊也食根者言稅取民財貨故曰蟊也孫炎曰悉貪殘所致因以爲名郭璞以食處爲名陸機疏云舊說螟螣蟊賊一種蟲也如言寇賊奸宄内外之言耳會議曰穀民之司命也春秋書災異雖螟之爲害必詳而錄之此亦重民命之至也漢平帝時天下大蝗河南二十餘縣皆被其災獨不入密縣界建初七年郡國螟傷稼犬牙緣界獨不入

中牟今州縣吏貪墨殘民遠朝廷萬里近亦數百里陛下不得而見之也怨嗟之聲陛下不得而聞之也故天出災異自淮以南飛蝗蔽天以告陛下耳守令之間豈無一人如容縣中牟者乎臣願陛下嚴戒監司守令有貪墨殘民者必罰無赦是應天以實也星變數見臣又請以春秋明之謹按魯文公十四年有星孛入於北斗劉向以爲君臣亂於朝政令虧於外則上濁三光之精五星贏縮變色逆行甚則爲孛北斗人君象孛星亂臣類也時中國既亂夷狄並侵兵

草縱橫之應也魯昭十七年有星孛入於太辰劉向以爲時楚強宋衛陳鄭皆附之此孛彗流炎所及之效也魯哀公十三年冬十一月有星孛入於東方董仲舒劉向以爲其後楚滅陳之應是春秋星變皆以夷狄陵中國也今年正月壬辰其日歲旦風從乾位來風爲號令乃號令不時之沴戊午雪陰盛陽微之沴三月丙申日有背氣如仰瓦其夜大雨雹癸卯夜月入大微己酉日復有背氣丁巳立夏其日風從艮位來五月癸卯夏至風亦從艮位來皆與正月壬辰

同占七月丙申太白經天法曰晝見午上星家謂去日四十七度差遠故見臣謂不然易曰日中見斗豈謂去日遠也其夜月入氐壬寅夜月掩壘壁陣星又流星出天市癸卯夜月入羽林軍乙巳日左有珥丙午夜漢星出天市癸丑夜流星出織女又月犯井丙辰夜流星出輦道此皆春秋之所畏也又如六月庚寅朔日有食之此又變之大者臣謹按隱三年二月己巳日有食之其後戎執天子之使莊二十五年六月辛未朔日有食之宿在畢主邊兵夷狄象後狄滅

邢衛二十六年十二月癸亥朔日有食之時戎侵曹三十年九月庚午朔日有食之後狄伐邢徐取舒楚滅弦僖五年九月戊申朔日有食之後楚伐鄭狄滅温楚伐黃十二年三月庚午朔日有食之時楚滅黃狄侵衛鄭十五年夏五月日有食之後秦獲晉侯楚敗徐於婁林文元年二月癸亥日有食之楚滅江滅六文十五年六月辛丑朔日有食之楚滅舒蓼宣八年七月甲子日有食之既楚莊遂強諸夏觀兵周室十年四月丙辰日有食之後楚滅蕭成十七年十二

月丁巳朔日有食之後楚滅舒庸襄二十四年八月
癸巳朔日有食之比食又既象陽將絶夷狄主上國
之象也楚子果從諸侯伐鄭二十七年十二月乙亥
朔日有食之八年之閒日食七作禍亂將重起昭七
年四月甲辰朔日有食之後楚滅陳滅蔡三十一年
十二月辛亥朔日有食之時吳滅徐楚圍蔡定十二
年十一月丙寅朔日有食之後楚滅頓吳敗越定十
五年八月庚辰朔日有食之周室大壞夷狄主諸夏
之象也明年中國諸侯從楚圍蔡以楚爲京師由是

推之日食皆爲夷狄侵中國之應也臣願陛下熟觀春秋書日食星變之旨躬行宋景一言之善以應天可也臣伏讀聖訓曰意者政令多有所闕賞罰或至不當臣有以見陛下遇灾而懼畏天戒之切而修政事以恭禦厥罰也臣又請以春秋明之謹按魯昭七年四月甲辰朔日有食之晉士文伯謂晉侯曰不善政之謂也國無政不用善則自取譴於日月之灾故政不可不謹也是天變繫於政令之闕也明矣魯莊三年王使榮叔來錫威公命啖民氏云莊王寵篡逆

以贖三綱不能法天正道故去天字以貶之斯言當矣夫聖王礪世之術惟賞罰而已賞當功則錫命一人而萬邦懷若師之九三是也若宜罰而賞則寵一簒弒而亂臣賊子接迹而起矣然則去天字以貶之以明賞罰天之公理也是天變繫於賞罰之不當也明矣政令之闕有十監司牧守數易一也州縣差役不公二也孤寒困於舉將三也吏員太冗四也任子太濫五也朝令夕改六也衣服無章七也獄訟多寃八也酷吏殘民九也部胥阨塞衣冠十也至如賞罰

不當始有甚焉如近日宿州諸將臣竊謂賞大重罰大輕昔太祖皇帝親征晉陽北戎來援太祖令何繼筠分精騎數千拒之石嶺關斬首千餘級其後遂平并汾其功可謂大矣止拜建武軍節度而已李漢超從太祖平李重進關南之功亦大矣及卒太宗皇帝止贈太尉忠武軍節度而已宿州之役比之晉陽關南之功不啻九牛之一毛而諸侯超拜官爵加繼筠漢超數等有如平北虜恢復中原不知何以賞之昔周世宗屢爲劉旻所敗遂大燕將士斬敗將何徽樊

愛能等七十餘人軍威大震果敗旻於高平取淮南定三關夫一日戮將七十豈復有將可用世宗終能恢復如此得非畏懦者去則勇敢者出耶太祖初有天下嘗謂唐莊宗姑息將士朕則不然惟有劍耳諸將股栗削平僭亂捷如破竹自靖康板蕩將四十年國勢不競日就委靡寧有他哉罰不必行將不用命近者宿州之敗士死於敵及爲庸將所誤而死者數千人積屍如坻暴骨滿野而誤國敗軍之將乃以宿州所得之金厚賂權貴巧爲遊說以自解偃然安處

善也而戮不加焉籍没不行誅戮不加上天見變昭然甚明願陛下信賞必罰以太祖爲法號令将士以五代爲戒斷然必行正心誠意以應天可也臣伏讀聖訓曰朕雖側身求應以實卿等各思革正積弊勿狥佞私務塞灾異之原稱朕寅畏之意臣又有以見陛下遇灾而懼畏天戒之切而去華務實求實言以自儆也臣又請以春秋明之謹按魯莊七年四月辛卯夜常星不見夜中星隕如雨劉向以爲天垂象以視下将欲人君防惡遠非以自全安也如人君有賢

明之才畏天威命若高宗謀祖已成王泣金縢改過修政立信布德存亡繼絶修廢舉逸裁什一之稅復三日之役節用儉服以惠百姓則諸侯懷德士民歸仁災消而福興矣嗚呼向之言可謂深切著明求應以實者也人君如堂人臣如陛堂岌乎其高其情與下邃絶固難以逾陛隤乎其卑其情與上邃絶固難以通豈上下之情不合也其患有十焉上之患七下之患三愎諫以拒人飾辭以文過作威以臨下恃智以衒物矜慧以取勝自廣以狹人耻過以作非君之

患也便辟善柔便佞臣之患也愎諫以拒人晉惠是也飾辭以文過文皇是也作威以臨下漢宣是也恃智以衒人德宗是也矜惠以取勝顯宗是也自廣以狹人漢武是也耻過而作非靈帝是也人主有一於此則便辟之臣進矣善柔之臣進矣便佞之臣進矣便辟之臣進衣冠皆逢迎也善柔之臣進俯仰皆媚悅也便佞之臣進語言皆捷給也如此而欲臣下各思革正積弊勿狥佞私是猶植曲木而望其影之直也不亦難乎自古聽言納諫莫若堯舜惡直醜正嫫

桀紂堯舜明四目闢四門達四聰雖有共鯀不能塞也桀紂臨諫臣梅伯剖直臣比干雖有關龍逢三人不能救也秦二世以趙高腹心劉項横行而不得聞漢成帝殺王章王氏移鼎而不得聞靈帝殺何蕃天下横潰而不得聞梁武信朱異賊臣斬關而不得聞隋煬帝信世基李密稱帝而不得聞唐明皇逐張九齡安史階禍而不得聞陛下自即位以來號召逐客時與臣同召者張燾辛次膺王大寶王十朋今燾已去矣次膺去矣十朋去矣大寶行將又去惟臣在耳

今臣復以瞽言妄發是臣又將去也人臣上書不激切不能啟人主意一激切則近訕謗昔辛甲七十五諫劉安世論胡宗愈至二十四章而聽者不厭其瀆今言一出而亟遷疏朝奏而夕罷言者不得盡其意聞者莫不駭其遷張震至十朋之去士莫不扼掔結舌以言爲諱而欲塞災異之源稱寅畏之意臣知其必不能也臣願陛下熟觀春秋之旨亟改前日之弊推誠務實以應天可也臣伏讀聖訓曰劄與侍從臺諫兩省官照會乃依今月十二日已降指揮各條其

時政闕失奏聞臣終有以見陛下至誠憂災思聞時政闕失而惕厲以自攺也臣聞之詩曰袞職有闕惟仲山甫補之傳曰命百官箴箴王闕失夫古之聖帝明王袞職不云無闕而欲補其闕王政不云無闕而欲箴其闕大哉言乎此亦陛下聞闕失之意也臣終請以春秋明之謹按魯莊三十年九月庚午朔日有食之明示三築臺聖人書以惡之謂其不畏天戒而勞民也今天變屢見而土木之役踵相躡怨讟嗷嗷口衆我寡臺諫不敢指陳侍從不敢睥睨陛下居淵

涓蠖容之中必不盡知也陛下天資仁儉豈肯知而不戒耶臣又聞道路之言諸軍陰遣悍卒白晝於市井浞人下執竹挺以度人長短有及則者即三數卒擁入軍中謂之拖軍怨憤之聲所不忍聞士民相戒不敢入市輦轂之下有此寃抑況千萬里之外乎臣又聞陛下即位之初大赦天下文臣自承務郎以上各轉一官斯言一傳天下鼓舞今乃以一人之言格二百員朝請大夫轉行之命夫議赦之日知其太濫削之可也勿許轉行可也太赦已行方以爲濫而格

之失大信於天下復有大於此者乎傳曰主賢臣直語曰邦有道危言危行邦無道危行言孫夫非主之聖則臣不容直非邦有道則言不敢危惟陛下上法堯舜留意裁擇

應詔集議狀

臣准樞密院劄子十一月十四日三省樞密院同奉聖旨令於後省限一日集議當與不當議和合與不合遣使禮數之後先土疆之耶與條具聞奏仍令各舉所知以備小使者臣竊惟國家自紹興初金虜稱和蚼民膏血而不恤忘國大仇而不報上下偷生苟安歲月以為盟好可恃蕩然決去藩維之守一旦完顔亮變生肘腋宗廟社稷幾不血食天下寒心陛下即位以來乾剛獨斷奮然圖任張浚及二三大臣力

謀恢復符離之師兵不血刃而故疆復得使李顯忠盡忠於國不貪小利以成大舉之功則中原响應勢如破竹恢復之期可指日以俟矣雖然功雖不成事雖不立自京都播遷之後垂四十年未有如符離之舉也虜人緣此震慴知陛下有大有爲之志知廟謨有出不意之奇知邊鄙有折衝敵愾之人知臺諫有明目張胆之臣知朝廷有面折廷諍之士以爲中國有人遂有乞和之意兵法曰無故而求和者謀也虜人詭計端在於此昨者京都失守本於大臣耿南仲

主和二聖刲去本於宰相何稟主和維揚失守本於宰相汪黄主和完顏亮之變本於權臣主和自汴京板蕩以來四十年閒醜虜爲封豕長蛇薦食上國何嘗不以和哉暴蔑吾二聖汚戮我兩宮殘毀我宗廟陵夷我社稷發掘我陵寢皇天后土實聞此言今欲與不共戴天之仇講信修睦三綱五常掃地盡矣就令和好一一成犬羊可信決不叛盟孝子順孫寧忍爲之況萬萬無可信之理乎前車覆後車戒陛下若不深思遠計力修政事力修守備力任將相力圖恢復

而苟貪目前之安臣恐後車又將覆矣議者曰姑與之和而陰爲之備外雖和而内不忘戰此從來權臣誤國之言陛下聞之熟矣嗚呼燕安酖毒不可懷也一溺於和則上下偷安將士解體終身不能自振尚又安能戰乎其爲酖毒也多矣可勝寒心冒犯天威臣無任隕越之至

卷之七畢

胡澹庵先生文集卷之八

宜川後學符秉龍斯萬　校閱

鍾蘭映奎　紹虞賡文

宋廬陵胡銓著

嗣孫　澐龍篆　廷楝騎屋

定静園　近仁元長　編輯

逢盛亮采　值夏道院　永陽院背　仝訂

奏疏

上孝宗封事

隆興二年八月日右奉議起居郎兼權中書舍人兼

國史院編修官國子祭酒侍讀兵部侍郎充淮南東路淮南西路巡邊制置使措置控扼海道點檢人船節制兵馬大使臣胡銓奉詔言關政急務自靖康始迄今四十一年三遭大變皆在和議則醜虜之不可與和彰彰矣肉食鄙夫萬口一談牢不可破非不知和議之害而爭言爲和者是有三說焉曰偷懦曰苟安曰附會偷懦則不知立國苟安則不戒酖毒附會則覬得美官小人之情狀具在此矣今日之議若成則有可弔者十若不成則有可賀者亦十請爲陛下

極言之何謂可弔者十眞宗皇帝時宰相李沆謂王旦曰我死公必爲相勿與虜講和吾聞出則無敵國外患如是者國常亡若與虜和自此中國必多事旦殊不以爲然既而遂和海内乾耗且始悔不用文靖之言此可弔者一也中原謳吟思歸之人日夜引領望陛下拯溺救焚不啻赤子之望慈父母一與虜和則中原絶望後悔何及此可弔者二也海泗今日之藩籬咽喉也彼得海泗且决吾藩籬以瞰吾室扼吾咽喉以制吾命則兩淮决不可保兩淮不可保則大

江决不可守大江不可守則江浙决不可安此可弔者三也紹興戊午和議既成秦檜建議遣二三大臣如路允迪等分往南京等州交割歸地一旦叛盟刼執允迪等遂下親征之詔虜復請和其反覆變詐如此檜猶不悟奉之如初事之愈謹賂之愈厚卒有逆亮之變驚動輦轂太上謀欲入海行在居民一空覆轍不遠忽而不戒臣恐後車又將覆也此可弔者四也紹興之和首議决不與歸正人口血未乾盡變前議凡歸正人一切遣還如程師回趙良嗣等聚族數

百幾爲之酬墻憂今必盡索歸正之人與之則反側生變不與則虜決不肯但已夫反側則肘腋之變深虜決不肯但已則必別起釁端卒有逆亮之謀不知何以待之此可弔者五也自檜當國二十年間竭民膏血以餌犬羊迄今府庫無旬月之儲千村萬落生理蕭然重以蝗蟲水潦自此復和則蠹國害民殆有甚焉者矣此可弔者六也今日之患兵費已廣養兵之外又增歲幣且少以十年計之其費亡慮數千億而歲幣之外又有私覿之費私覿之外又有賀正生辰

之佑賀正生辰之外又有泛使一使未去一使復來生民疲於奔命帑廩涸於將迎竭中國以肥虜陛下何憚而爲之此可弔者七也側聞虜人嫚書欲書御名欲去國號大字欲用再拜議者以爲繁文小節不必計較臣竊以爲議者可斬也夫四郊多壘卿大夫之辱楚子問鼎義士之所深耻獻納二字富弼以死爭之今醜虜橫行與多壘孰辱國號大小與鼎輕重孰多獻納二字與再拜孰重臣子欲君父屈己以從之則是多壘不足辱問鼎不必耻獻納不必爭此可

弔者八也臣恐再拜不已必至稱臣稱臣不已必至請降請降不已必至納土納土不已必至銜璧銜璧不已必至輿櫬輿櫬不已必至如晉帝青衣行酒然後爲快此可弔者九也事至於此求爲匹夫尚可得乎此可弔者十也竊觀今日之勢和决不成倘乾剛獨斷追回使者魏杞康湑等絶請和之議以鼓戰士下哀痛之詔以收民心天下庶乎其可爲矣如此則有可賀者亦十省數千億之歲幣一也專意武備足食足兵二也無書名之耻三也無去大之辱四也無

再拜之屈五也無稱臣之忿六也無請降之禍七也無納土之悲八也無銜璧櫬輿之酷九也無青衣行酒之冤十也去十弔而就十賀利害較然雖三尺童穉亦知之而陛下不悟春秋左氏謂無勇者爲婦人今日舉朝之士皆婦人也如以臣言爲不然乞賜流放竄殛以爲臣子出位犯分之戒

上孝宗論兵書

起居郎胡銓進故事曰隋文受周禪令賀若弼平江南擒陳叔寶先是弼請沿江防人交代必集歷陽大列旗幟陳人以爲大兵至既知防人交代其衆復散後不復備及是弼以大兵濟江陳人弗覺遂平陳臣聞兵法曰兵出詭道又曰兵以奇勝何謂詭變詐百出以計取敵曰詭弼請沿江防人交代必集歷陽是也何謂奇出其不意使人莫測曰奇弼以大兵濟江陳人弗覺是也中國由正道夷狄由詭道中國以正

勝夷狄以奇勝由正道者常不得志由詭道者常得志以正勝者常少以奇勝者常多此自古及今中國所以見陵於夷狄也建炎戊申虜人請和聲言提兵百萬有事河北初無窺維揚意宰相黃潛善汪伯彥眞以爲不吾襲也既而以精兵萬人直擣揚州而汪黃安坐中書猶不知虜兵之至也一旦六飛蒙塵倉皇出奔幾不免虎口自靖康迄今凡四十年虜人未常不由詭道未嘗不以奇勝而我終不悟也前車覆後車戒前事之失後事之師竊聞道路之言虜人欲

我以和濟師窺伺或言多造戰艦由海道以進或言實粟塞下由間道以來雖未必可信然彌之沿江防人必集歷陽前事之驗也醜虜之計安知不出於此而陛下前日奮然詔下謂和決不可成有識咸鼓舞以謂聖神遠慮洞見犬羊之情有如蓍蔡近日邊臣遣兵官孫造往返境上疲於奔命竟不能得虜人要領其愆期爽約亦可見矣臣願陛下堅守前日和不可成之詔力修政事十年生聚十年教訓如越之圖吳則社稷幸甚生靈幸甚

辭免兵部侍郎狀

右臣准尚書省劄子六月二十六日三省同奉聖旨除臣兵部侍郎日下供職者臣聞命震驚罔知所措伏念臣資品妄庸性識魯鈍猥叨卿列復長成均每深非據之慙未免首濡之誚雖屢蒙聖訓有直諒之褒然自愧迂踈無絲毫之補居懷怵惕慮積愆尤驟膺躐等之除益有踰涯之懼陛下勵精爲治側席求賢性文思之明亶上齊於堯舜而武部之選要暗合於孫吳如臣何人濫膺職擢伏望收還成命改畀時

髦烝利師貞少安愚分謹録奏聞伏候勅旨

辭免宗正少卿乞賜罷黜狀

右臣竄逐嶺海垂三十年太上脫臣於鯨波百艱千險之中陛下起臣於虎口萬死一生之際官九遷於一歲任六押於七旬方犬羊振蠟之時肆蛇豕薦食之毒九重有不安枕之慮萬姓銜共戴天之寃臺諫痛哭以陳辭忠鯁拂膺而飲恨事至於此臣亦何顏是敢輒貢狂言屢攖鱗逆身寧瀕於九死心實愧於三閭方伏鑕以待斧鉞之誅敢自意得逭雷霆之怒尚以厚祿猶竊美官雖聖神曲賜於保全在臣子難

安於愚分惟望天慈特賜復竄嶺海以爲人臣不忠
之戒謹録奏聞伏候勅旨

辭免寶文閣待制狀

右臣伏准三月二十二日尚書省劄子三省同奉聖旨除臣寶文閣待制提舉江州太平興國宫臣聞命震驚罔知所措臣受杖駕下人人不比數太上全之於萬死一生之中陛下擢之於千官百僚之上獲依日月之末光十年於此矣臣非木石豈無犬馬戀主之情而驟乞身者實以年迫桑榆難以勉強遂至屢瀆天聽伏蒙特賜俞允臣得此生以爲厚幸而又寵以美職優以祠廩既以光其行又以華其老所以待遇

老臣度越常人千萬臣之榮幸足矣尚復何望然臣災患垂三十年人不堪其憂聖慈特達力加親握全家飽煖盡出天地父母之恩常恐福過災生故瀝誠懇乞全晚節而又有此叨冒臣懼必速顛躋伏望皇帝陛下察臣曲衷之欵憐臣孤立之蹤收還成命只守本官致仕庶安愚分所有恩命臣不敢祗受謹録奏聞伏候勅旨

上孝宗論撰賀金國啟

隆興二年七月日臣胡銓奉詔撰大金國賀冬至啟内中用再拜用獻納書御名此三大事也已經二十餘年臣下皆不能正其非今臣年過六十官逾三品收嶺嶠海島之遺骸爲陛下侍從之尊職復因循而書不正救之恐天下後世謂陛下何如主謂臣何如人三王之臣主俱賢迄今史臣稱爲美談昨宰相湯思退集議中書堂臣終坐以三事爲說而思退闃然不答臣竊以爲思退又一秦檜也思退不去國體弱

矣臣手可斷臣筆不可搖臣頭可去臣筆不可去而
臣字不可焉庶使遠夷知中國之有人是亦疆國之
一端謹具奏聞乞外而宣示臣章於朝堂使奸夫倭
子不敢肆其惡内而宣示臣章於史館使天下後世
有所知然後竄臣於海島以爲臣子敢言之戒干瀆
天威不勝戰慄

遺表

有生必死何必動心無路報恩實不瞑目興言氣欝戀闕神馳竊念銓奮自孤生早陟膴仕不識忌諱自取顛躋太上赦臣於萬死一生之中陛下擢臣於九卿六官之列曾何補報徒積罪尤久遠闕廷待盡田野屢畀真祠之逸復叨秘殿之崇收召節以遂其愚許掛冠以優其老身塗草野雖自誓於平生命在膏肓恨不獲其死所強支微喘更畢餘忠伏願皇帝陛下舍已從人安民和衆大秦襄復讐之義監周公無

逸之書任忠直之士而勿親便佞之人守祖宗之法而勿聽紛更之説益堅初志懋建豐功混胡越於一家壯基圖於萬世臣莫瞻九陛行即三泉相如草封禪以貢諛切所不敢張巡有厲鬼以殺賊死亦不忘

經筵玉音問答

隆興元年癸未歲五月三日晚侍上於後殿之內閣裳出示答金人書藁上謂予曰內中有未善處卿宜仔細說出予答曰出於天筆小臣何敢有所妄議裳賜金鳳箋就所御玉管筆并龍腦墨鳳咮硯又賜以花籐席命予坐於側草換書上謂予曰朕以此禮待卿者恩至渥也金人無禮書中務要得體當不諛不亢頃予以草換書藁進呈上自讀數次又親改數字上曰卿之才識學問可謂過朕又曰當封呈太上皇

時將日暮上喚内侍蘭香燃金花燭二炬又喚玉梅取扇上謂予曰今夕熱寢宮逼窄不若中書卿所卧處涼予答曰中書固多涼處然臣老病之軀必擇煖處方可睡幸所寢處有兩槐樹終夕可以不扇但恐砌蛩聒耳可惡旨喚内侍厨司滿頭花辦酒上坐於中御七寶交椅綉龍曲屏風旨以青玉團椅兀賜予坐於東向之側旨謂臣子王隆曰胡侍讀年老豈可無椅坐者乃入内取通犀螺鈿屏風至旨謂予曰此乃朕向來普安邸太上所賜物也上御玉荷杯予用

金鴨杯祔盞上自取酒令潘妃唱賀新郎旨令蘭香執上所飲玉荷杯上注酒顧予曰賀新郎者朕自賀得卿也酌以玉荷杯者示朕飲食與卿同器也此酒當滿飲予乃拜謝上自以手扶謂予曰朕與卿老君臣一家人也切不必事虛禮賀新郎有所謂相見了又重午旨謂予曰不數日矣又有所謂荆江舊俗今如故之說上親手拍予背曰卿流落海島二十餘年得不爲屈原之葬魚腹者實祖宗天地留卿以輔朕也予忽流涕答曰小臣三遷嶺海命出虎口豈期今

日再見天日上亦抆淚曰卿被罪許久可謂無辜天下知之不在多說乃就坐食兩味八寶羹上謂予曰此味極佳内有蚌肉猶可喫飯予答曰臣向在新州日食海味但於此則間嘗上謂予曰此乃前日瓊守張英臣所進者予奏曰酒行食遍恩浹意洽且暑熱不敢久侍清光上答曰今夕之會正朕與卿聚會之便幸無多辭上謂予曰熱甚朕已去綉紗禫子訖卿亦可便服予乃更青紗夾深衣以侍旨言書字予答曰前輩謂先人書字象其爲人今知信然上謂予曰

朕在東宮時只習徽祖字更習太上字予答曰此兩字格戞絶前聖上問予曰卿所爲字宛如卿之爲人予答曰臣幼習唐朝顔真卿字令自成一家豈應上掛齒頰上曰朕前日侍太上皇於德壽宮閣上治疊書畫因得卿紹興戊午所上封事真本太上與朕玩味久之喜卿辭意精切筆法老成英風義氣凛凛飛動太上自藏之曰可爲後代式但其後爲秦檜之所批抹汚者朕敬太上令工匠逐行裁去裝褙子乃答曰小臣平生習字多類此豈謂此奏至今塵於聖賢

篋笥中且三遭謫逐生不能保獨賴太上及陛下二
天之力俾晚復得入侍爲幸多矣頃上謂予曰朕無
事時思卿赴貶之時心思如何予答曰只是辦着一
片至誠心去自有許多好處次琖予執尊立於上前
曰臣嶺海殘生誤蒙知遇天詔俾之還鄉足矣復賜
之錄用寵矣今乃賜之以百世之恩真小臣萬載之
幸前杯已誤天手賜之酒矣但禮有施報小臣固不
當以草茆之語上凟神聰適面奉玉旨有君臣相聚
一堂之說用敢不避萬死輒捧玉卮一則以上陛下

萬歲之壽二則以謝陛下賜酌百世之恩三則以見
小臣犬馬之報乃執罇再拜酌酒上再三令免拜亦
且微揖潘妃執玉荷杯唱萬年歡此詞乃仁宗親製
上飲訖自執罇坐謂予曰禮有報施乃卿所言余再
三辭避蒙旨再三勸勉上乃親唱一曲名喜遷鶯以
酌酒且謂予曰梅林初歇惜乎無雨予乃恭揖飲訖
各就坐上謂予曰朕昨苦嗽聲音稍澁朕每在宮不
妄作此只是侍太上宴間被上旨令唱今夕與卿相
會朕意甚歡故作此樂卿幸勿嫌予答曰方今太上

退閑陛下御宇政當勉志恢復然此樂亦當有時上答曰卿頃霎不忘君眞忠臣也雖漢之董汲唐之房魏不過是也食兩味鼎煮羊羔椒醋子魚上謂予曰子魚甚佳朕每日調和一尾可以喫兩日飯蓋此味若以佳料和之可以數日無餒腐之患予答曰陛下貴極天子而節儉如此眞堯舜再生上謂予曰朕所爲非强乃天性然因舉所服澹黄鋪茸綉鳳汗衫謂予曰朕此領汗衫已着兩年今計尚可得數年又舉所着皂羅鞋謂予曰朕此鞋原是皇后做與太上

皇着者覺稍短朕着得及則今已三箇月矣向侍大上時見太上喫飯不過喫得一二百錢物朕於此時固已有節儉之志矣此時秦檜方專權其家人一二百錢物方過得一日太上每次排會内宴止用得一二十千檜家一次乃反用數百千太上與朕一領汗衫着一兩年檜家人一領汗衫止着得數日即棄去朕所以日夜切齒歎息也又謂予曰太上近日賜朕真紅羅銷金團龍汗衫一領太上親書一批與朕曰此領汗衫乃吾着者已十八年矣但色佳今吾賜兒

汝當念之朕藏此領汗衫甚謹朕不輕着只往德壽宮及朔望臨朝與大祭祀則用此襯袞衣乃太上生平所愛著者是太上所賜朕者遂令貴妃取此領汗衫以示予予進奏曰陛下天性恭儉真大上之賢子小臣之賢君也次盞蒙旨[illegible]妃取玉龍盞至又令蘭香取明州鰕鯆至特旨令妃勸予酒予再辭不獲上旨謂妃曰胡侍讀能飲可滿酌歌聚明良一曲上撫掌大笑曰此詞甚佳正愜朕意上又謂予曰此妃甚賢雖侍之以恩然不至如他婦人即唱勸酒事便可

見矣上又令妃酌酒上飲訖謂予曰卿可酌一杯以回妃酒予曰内外事殊小臣今夕蒙恩如此使臣殺身以報陛下則所當然欲使臣酌酒以回妃則不可臣恐明日朝臣議臣之非上乃拱手答曰朕知卿此心忠直通於神明此朕之誤言也予遂又取酒再拜勸上躍然滿飲之又自取酒親酌賜予上曰酒後不可不喫龍次予答曰臣向在海外渴甚惟以鷓鴣沈香小片嚼數片却以清茶嚥下非惟齒頰香辣且酒渴頓醒乃以玉匣貯揭龍次數片至上謂予曰此香

乃太上去冬自合者上自嚼一片餘悉以賜予凡七餅予乃嚼其一上又喚蘭香取茶以進予亦被賜一杯食兩味椒椒醋羊頭真珠粉及炕羊炮飯上謂予曰炕羊甚美食畢上乃移步至明遠亭上坐於東向坐板上予立侍蒙旨令坐就西向坐板上側坐又索茶乃以龍涎香盞遞兩盞至予拜賜一盞訖予乃辭曰夜已三鼓恐聖躬疲倦上曰尚可餘時上旨喚王先入池取藕蓮實剝去取玳瑁盤以水泛而進上又索酒再酌滿飲予亦滿飲上謂予曰卿向在海南時

爲詩必多予答曰臣向居嶺海時日率作詩十數首
初任福州僉判以詩詞唱和得罪故遷新州又居新
州又以此獲譴復徙吉陽軍甚矣詩詞能禍人也如
此今既蒙録用静思二十年前爲之墮淚上答曰桑
田變爲大海大海變爲桑田古宇今宙多少更易此
事非特卿墮淚朕亦不知幾抆淚矣世事殊異無可
奈何予又奏曰臣向者謫新州時兄銓在家生母曾
氏在堂臣只携妻劉氏在任所臣長男泳乃紹興戊
午冬生姑藴次男澥乃戊辰夏生於新州次男淶乃

甲戌生於吉陽軍甲戌春正月八日臣生母曾氏喪於家而臣不知於五月四日方收家問臣惟有朝夕躃踊痛哭恨此身不即死與母相見於黃泉予言之不覺淚下上亦愀然揮淚曰朕向侍太上時聞徽宗訃太上爲之不飯食者數日生離死別上下同一懷抱予又奏曰夜已四鼓玉體疲倦上曰未王先復奏曰鷄已唱矣上曰朕若與宦官女子酣歡徹旦則不可朕與胡侍讀相聚雖夜以繼日何害焉又與予同凭欄杆曰月白風清河明雲淡這樣樂處惟朕與卿

同享之頃聞天竺鐘聲池畔柳中鴉噪矣上曰果然天明予乃再拜謝恩上握手謂予曰昨夕之樂願卿勿忘予答曰小臣當圖報陛下且尚有侍宴之日於是侍上入内至候春門予揖退至中書遠望正門已啓百官畢聚候朝梅谿王十朋問曰何來予乃大笑握其手曰老夫夜來終夕不寢今歸自天上此段奇事兄豈容不知於是即盥洗更朝服而見

後跋

予半生嶺海晚遇聖天子擢用一歲之間凡九遷其

職一月之間凡三拜二千石之命十拜遷秩之旨至於隆興癸未夏侍宴之恩古今無比予老矣風燭可虞謹親書於後以爲後人之徵嗚呼天語諄勤後之子孫當永保之以無墮予志

淳熙丁酉七夕澹庵老人胡銓跋之以示男泳澥泱瀟姪孫壻周鐸右云經筵玉音問答乃予隆興癸未侍宴所記也

又跋

原有予當時親札藁一小冊爲瀟姪取去日後切不

可落附他姓之手又有正本一卷乃吏札也視予親
札者反無失天語諄勤後人可以憑信故又以吏札
之本精加删潤親手録藏於家使後覽者有所訂焉
昔司馬文正公不喜後人寳其祖宗之畫像但喜後
人寳其祖宗之字蹟以爲心畫也手法也見其字蹟
即見其人之手予之後能以文正公之心爲心其亦
賢矣
中元日胡銓又跋時祀先分胙罷喜雨凉而書也
卷之八畢

胡澹庵先生文集卷之九

宋廬陵胡銓著　宜川後學符秉龍斯萬　校閲

鍾蘭映奎　紹虞賡文

嗣孫　澐龍篆　廷棟騎屋　編輯

定靜園　近仁元長

逄盛亮釆　值夏道院　永陽院背　仝訂

書

答梁元瑞

古之學者其志甚高後之學者其志甚卑今之學者

其志愈下古之學者尚友古人不皋夔則稷契其許身必曰皋夔何人也予何人也有爲者亦若是中夜以興孳孳然惟恐不若皋夔其許身必曰稷契何人也予何人也有爲者亦若是中夜以興孳孳然惟恐不若稷契夫皋夔稷契蓋不及見而是人必曰學爲皋夔稷契其志不亦甚高乎後之學者則不然其言曰皋夔稷契何可當也吾爲管晏可矣其許身則曰管仲何人也予何人也有爲者亦若是中夜以興孳孳然惟恐不若管仲其許身則曰晏子何人也予何

人也有爲者亦若是中夜以興孳孳然惟恐不若晏
子夫仲尼之門五尺之童羞稱管晏而是人必曰學
爲管晏足矣其志不亦甚卑乎今之學者又大不然
其言曰管仲何可當也吾亦儀秦可矣其許身則曰
蘓秦何人也予何人也有爲者亦若是中夜以興孳
孳然惟恐不若蘓秦其許身則曰張儀何人也予何
人也有爲者亦若是中夜以興孜孜然惟恐不若張
儀夫儀秦左右賣國以苟圖富貴妾婦之道而是人
必曰學爲儀秦足矣其志不亦愈下乎雖然如是者

病安在哉學淺陋而識暗也學淺陋則用心不剛識暗則見善不明是以其志卑且下而不能抗之以高明也執事貺僕數百言首以皐夔稷契爲説而不足官晏儀秦知足下有志乎古之學者也志誠高矣學固不淺陋而識固不暗矣然謂足下有志乎古則可謂足下之言爲是則不可何則皐夔稷契蓋後世之所推尊而足下以僕爲庶幾焉則過矣愚故曰謂足下有志乎古則可謂足下之言爲是則不可也然竊嘗聞古人之言曰服堯之服誦堯之言行堯之行是

堯而已矣又曰舜何人也予何人也有爲者亦若是則是人皆可以爲堯舜而謂不可爲皋夔稷契可乎然則謂足下之言爲過則不可也僕當勉奉來教求及古人而足下亦宜踐言不當徒言而已耳方此患難不暇多談惟冀加亮不宣

答江知縣庭賓

其辱貺長牋首尾以氣爲説辭藻粲發誠有意乎孟氏之道雖子輿復起不易斯言矣顧僕曷足以當之竊嘗聞古人有言曰氣水也言浮物也水大而物之浮者大小畢浮氣之與言猶是也夫水莫大於海言莫大於聖人故曰觀於海者難爲水遊於聖人之門者難爲言吾嘗浮於海矣請以海喻孟子曰其爲氣也至大至剛以直養而無害則塞乎天地之間惟海亦然今夫海之爲氣也南漱朱垠北灑天墟東演析

木西薄青徐浮天無岸蕩雲沃日吞吐雲夢者萬萬曾不蔕芥是不亦至大已乎陽氷當暑而不冶陰火經冬而潛然大旱金石流土山焦而不熱層氷千里河漢沍而不能寒是不亦至剛矣乎天地左海萬折必東是不亦至直矣乎夫至大至剛以直塞乎天地之間其於氣何異也禹善治水故行其所無事而後之言治水者莫加焉孟軻善養氣故養而無害而後之言養氣者莫加焉韓愈有云孟氏功不在禹下信乎其功不在禹下也自軻死惟愈得其傳其論氣與

軻之言不異觀其詆排異端攘斥佛老障百川而東之廻狂瀾於既倒非其氣剛大以直夫孰能至於此哉抑其也望軻愈之藩籬而不及其門者也烏足以論養氣之說耶雖然學之有十矣始者非六藝軻愈之書不敢觀非先王之典不敢存顛沛必於是顛沛時無害其氣也造次必於是造次時無害其氣也儼乎其若思淵乎其似道以爲未也當乎持其志而齋於心也惟蹶趨之務去矻矻乎其難哉如是者亦有年然後浩然其莫禦矣吾又慮其不皆醇也退而思

之虛心以觀之其果弗雜也然後已焉雖然養之不可以不至也必使至大塞天地如天地之無不覆幬至剛塞天地如天之剛健如地之剛方然後爲至也然剛大而不直則大或過而剛或折矣故至大至剛必以直也志帥也氣三軍也帥勇而三軍之士畢銳志之與氣猶是也志剛大則氣之剛大以直也無所不用其至雖如是其敢自謂至乎雖極其至於世也何有焉舉世譽之而不加勸舉世非之而不加沮卒然遇焉則趙孟失其貴晉楚失其富許少失其巧秦

成失其勇儀秦失其辯楊墨之道不得行夷狄之暴不得逞如是者用不用實爲天下國家輕重豈特如軻愈輩徒施之空言而已哉若僕則非其人也稱道過實死罪死罪士固伸於知已儆足下瓌瑋傑特之論無以發僕之狂言不宣

答譚思順

某謹致書直學解元賢友足下鄉者辱戕教扳援河伯海若問答及引孟子觀海難爲水游聖門難爲言之論以至正人心之説反覆數百言三復感歎之足下之望於僕也至矣向以方有私家戚不即裁答因循至今夫言辭之不酬雖孔子不得行於互鄉況如足下之學識非互鄉之比而又於僕懇懇耶又安得默默而但已哉夫自古論聖人之道以江海爲喻者多矣而皆未能盡江海之極致何者以其未嘗識海

也竊自謂世之知海之極致者宜莫如某夫海之爲器也南灩炎荒北灑旋極東演濛汜西薄月峭渺滄溟與渤澥波黏天以漭沆浟浹瀲灧浮空迷岸襄陵廣漠漻漷漫汗彯砂礐石蕩穹沃日巔雲胥雨崩濤捲雪狀如天轂膠戾而激轉倏若坤輿挺拔而輻裂飛流濺沫決背股栗其蟲魚千怪萬狀而不可悉數其鳥獸詭類殊形而不可致詰其舟如凌空之山其帆若垂天之雲千尋之艬萬斛之艘巨艦廣艣若般若舶若艄若艴若吳之艅艎艂艭若楚之艨艟迅鶻

千艘萬舵舳艫相銜翩如鴻鶩瞥若鷗没飄風一日踔數千里漫不見畔岸決檣摧橦罔然鳥逝吁可畏哉水怪則有海童邀路馬御當溪河馮罔象出没隱見蜃樓忽起突屼萬仞摩雲排空天地黯黮斗變異色則有呑舟之鱷峌峴孤遊長鬐梢雲巨鬣刺天哆口脩牙劍戟嵯嵯崇島巨鼇延袤千里擘洪濤掀北斗五岳鼓舞窮世間萬彙舉不足以盡其變態雖極班彪之覽木華之賦酈元之經盧肇之説韓愈之碑雄辭傑識曾莫能詰其紡綍信乎觀於海者難爲水

乎知海之難爲水則知聖門之難爲言亦猶是矣今夫源深者流必洪必至之理也有德者必有言亦必至之理也難爲水者非水之難也其淵源之大爲難難爲言者非言之難也其德之盛爲難德水也言浮物也水大而物之浮者小大畢浮德盛則其言也旨必遠理也昔者孔子道大而德博其垂世立教非有必於言也而能言之類莫能加焉門弟子得其微辭與義者寡矣惟許顔回於吾言無所不説至於商也賜也可以言詩雍也然偃也是於漆雕開則説之於

曾點則與之亦庶幾矣然子夏之學流爲田子方子
方流爲莊周周之書喜稱子方之爲人則商雖可與
言詩其失也誕子貢之辯多爲聖人所詘至答原憲
之問終身恥以爲過則賜可與言詩其失也躁子游
習於禮至論本末而子夏以爲過則偃雖言是而其
失也誣若夫宰予善爲說辭而聖人且有失之子我
之譏顓孫師論致命思義善矣而偃也參也皆詆其
不仁聖人亦疑其忠信不足有若強識好古能明孝
弟善矣而於羣弟子之問懵不能對夫數子者悉號

升堂入室而獨回也得聖人之所以言其不謂難乎哉善乎齊太史子與之言曰乃今而後知泰山之爲高滄海之爲大惜乎夫子之道德不加於民也信乎其知聖人之道也某也學苦而身益窮何足與論聖人之道而足下不以爲可彼乃至扳援古昔以發固陋辭義高遠殆非區區者所宜得此然僕竊有疑焉惜足下不期至乎海而自比於河伯而止也夫沿河而下苟不止雖有疾遲必至於海故學者必慎其所道道於曲學異端而欲究聖人之言誠韓子所謂航

斷港絶以望至於海也故欲究聖人之言必自韓子始士固伸於知己足下其毋謂僕哓哓不一

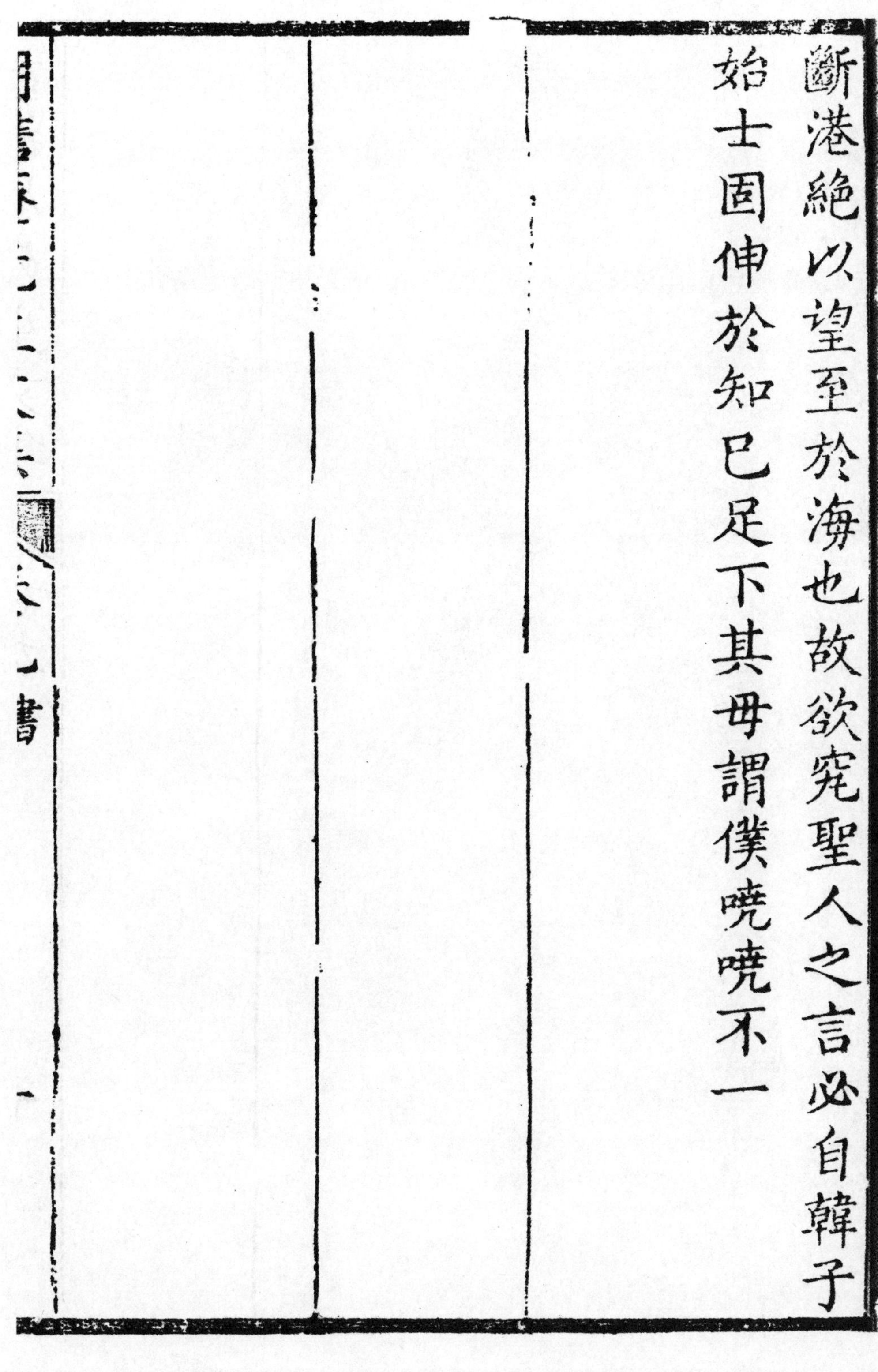

又答譚思順

某頓首啟思順秘省賢足下某辱惠示傑作扳引古人如朱雲之忠陸宣公之諫楊綰之以德化人裴晉公之威振四夷此盛德事僕何足以當之若夫詞藻粲發足以潤金石高義激切足以薄雲天有以見學殖之美誠意之勤且篤也幸甚幸甚雖然抑有可疑者古人有言曰人心不同其如面焉安敢謂子面如吾面耶心所謂危亦以告也夫心爲裏面其表也言面而及於心不求其表而求其裏也今其言曰覩其

面無異乎親見其心不求其裏而求其表也夫不求其表而求其裏雖不見猶見也不求其裏而求其表雖見猶不見也且詩書禮樂易春秋蓋堯舜禹湯文武周公孔子數聖人之心法在焉僕之心亦何嘗一日外於是哉如能求見其心則讀詩而見僕於風雅頌之間讀書而見僕於典謨訓誥誓命之文讀禮而見僕於威儀三千之際讀樂而見僕於韶箾濩武之會讀易而見僕於卦爻彖象之内讀春秋而見僕於萬八千字之中雖開卷一寓目之頃未嘗不與僕周

於也豈特見其面而止乎不然雖日親炙無益也故
曰昔吾見蔑之面而已今吾見其心矣微足下無以
發僕之狂談區區行役言不爲心惟冀加亮不宣

答劉子澄主簿

某重拜復書劉君主簿足下某少也賤於他藝能自料不可鐫鑿始妄意游心六藝矻矻窮年未少有得退念昔嘗從學楊先生中立李先生先之知讀書之法三十年不下案凡所辛苦而僅有之者皆陳言不適於實用又重以瘴癘步臼之餘自視殆不若人足下春秋鼎冠才茂而氣盛文追古作亹亹焉韓柳之域矣操鉛懷槧上可以獵卿相若少畀之亦不失萬一於臺郎乃懇懇於縻棄無似之人責以大篇揚搉

古人稱道過實非僕所敢知也幸甚幸甚雖然如論詩氣質之變說固善矣至謂僕養心之誠行已之恭立節之堅造道之深是邦之賢大夫一人而已則過矣夫中庸之書大抵以變氣質爲要其說有三人一能之已百之人十能之已千之果能此道矣雖愚必明雖柔必强此一變也惟天下至誠爲能盡其性能盡其性則能盡人之性能盡人之性則能盡物之性能盡物之性則可以贊天地之化育其次致曲曲能有誠誠則形形則著著則明明則動動則變變則化

此再變也至誠無息不息則久久則徵徵則悠遠悠遠則博厚博厚則高明博厚配地高明配天悠久無疆如此者不見而章不動而變無爲而成此三變也變至於此極矣足下之說有合於中庸矣不亦善乎今夫三人行必有我師十室邑必有忠信矧廬陵十萬戶名卿才大夫踵相躡而足下謂止於一人不已過乎春秋之法善不敢揜過不敢隱足下亮之不宣

胡澹庵先生文集卷之十

答曾充秀才

其白曾生秀才足下其少也賤於他藝能自料不可
勉强長大以來又不曉世務動與時左豈特如伏虎
背有二十四齟齬而已念終無以奮發始悱憤刻意
於經術不得其門而入徒味蠹簡矻矻窮年而弗濟
時用故學苦而身益困瘴癘餘生假息朝夕寧敢有
他覬足下後生可畏文雅而才逸當譽髦如林之時
博洽方聞之士並肩而立不徃從之游乃懇懇於罪
垢無似之人寵以長牋商確古今稱道不容口如見

所畏者何哉至如論才學識則又謂僕兼之尤非僕所敢當也雖然此三者劉知幾評之當矣足下又援以爲説亦云是矣雖僕竊有疑焉不敢不爲足下盡言之也論語曰如有周公之才之美使驕且吝其餘不足觀也已又曰事父母能竭其力事君能致其身與朋友交言而有信雖曰未學吾必謂之學矣又曰文武之道未墜於地在人賢者識其大者不賢者識其小者然則才云才云多才云乎哉必如魯論之所謂學可也識云識云淺識云乎哉必如魯論之所謂

識可也夫周公制禮作樂以致太平禮儀三百見於周官威儀三千著於儀禮是不曰才之美乎楊子曰學者所以學爲忠與孝也夫竭力孝也致身忠也忠孝以信學之本也坐如尸坐時學也立如齋立時學也造次必於是造次時學也顛沛必於是顛沛時學也藏焉修焉藏修時學也息焉游焉息游時學也是不曰學之本乎夫文武之道何道也見於詩之雅頌見於書之誥命見於禮之中庸見於易之爻彖見於春秋之王正苟識其大者是不曰識之正乎夫小有

才未聞君子之大道則足以殺其身而已才不可不慎也學者審其是則學不可不慎也觀於易則由多識以畜其德觀於禮則由强識以敦其行觀於語則由默識以進於道則識不可不慎也足下於茲三者似有志矣一不慎焉吾恐於道未云有得故爲索言之不識能恕之否乎

與譚帥魏叅政書

正月十五日期服胡某謹齋沐裁書再拜獻於判府安撫叅政大資閣下某遠違鈞範二十有餘年矣嶺海孤踪舉頭望廊廟入如在天上即欲貢尺札無階至前今也天假之年内徙鴈城而閣下適以天子大臣抗節長沙自鴈城視長沙不啻去天尺五非若嶺海之邈絶方時清明公道大開又非向來口箝舌結形格勢禁時也而某也罪大責重縲絏匏繫不獲一登堂拜塵望履雖欲揚眉吐氣於賓客之末位亦何

可得雖然此千古一時也於此時不獲一承顏又不一通姓名於記府是自絶於門下故某願有獻焉然竊服盛德重望有年矣赫乎日月不足爲明崒乎嵩岱不足爲高淵乎滄海不足爲容某復何說以獻伏思累旬以爲禹惡旨酒而好善言則其惡諂言也至矣是以不敢稱頌盛德而輒竭千慮之愚以聞於執事某伏見流俗有宿弊未盡去者如焚柩事似微末不足道然亦仁人君子之所宜惻然動心者也今夫湖湘與江左壤地相錯民風不甚相遠如焚柩事往

徃易地皆然官雖有禁朝廷亦屢約束而積歲之弊未之甚難非實難去也禁之不得其術不塞其源而徒塞其流耳其源有三釋氏巫祝與陰陽家者流是也釋氏以西羌之俗焚其柩而投之水誑惑愚民移葬埋之錢爲飯僧之費貧民惑於追修之說寧殘棄其親之骨而不敢廢追修之奉惑亦甚矣巫祝之徒又從而欺以禍福陰陽家者又怵以陰陽拘畏之說既擇年月日又擇山水形勢以爲子孫富貴貧賤賢愚壽夭盡係於葬謂葬則生禍不若投之水則無灾

又陰陽家書人言各殊此以爲吉彼以爲凶爭論紛紜無時可決遂謂不若水葬爲快是釋氏巫祝與陰陽家書誘之焚也甚者親死肉未及寒舉而委之於火火未及化舉而去之於江葬骨魚腹弔魂水濱而人子甘心焉其亦不仁甚矣且禮經三千聞有埋齒未聞有焚柩棄骨之說文王掩骼未聞有陰陽拘畏也先正司馬溫公著喪葬禮至論今人游宦没於遠方子孫火焚其柩收燼歸葬以爲不孝每讀至此未嘗不酸鼻太息夫焚而葬之溫公猶曰不孝況焚而

棄之乎或謂貧民無置錐地於何葬哉竊謂古者葬之中野不患無地今縱貧窶尚有力飯僧追修獨不能買地以葬乎然而僧徒巫祝者流怵之以禍殘毀他人之尸其罪甚重子孫復忍而爲之悖謬如此此長吏所當按舉願明以告一路守倅令使召請父老告以法律諭以禍福約以必行使歸轉以相語仍録條粉壁曉示且立賞召人告官賞錢以犯人及鄰任家財充若客戶則及其地主倘容而不告使之出賞以狥如釋徒巫祝陰陽家有敢導貧民犯禁者必先

坐之若此則弊源塞矣若實貧甚不能葬者官薄賙之人非木石亦必樂從何則父母之愛天性固在特牽於習俗耳昔漢黄霸爲潁川令百姓有死者即爲之棺殮人到於今稱之今百姓死不爲之棺殮而又坐視其暴骨於淵誠非豈弟君子爲民父母者之用心也東坡先生初謫齊安移書朱鄂州禁民殺子至今鄂人生子則以朱名之夫棄親之骨則重於殺子閣下之位望則與鄂州懸絶遼邈彼能行其禁於鄂人獨不能行之於湖湘乎古之循吏類皆懇懇求民

之瘼如此居今之世而有古循吏風非閣下而誰區區管見如或可採望行下一路更講求衆說擇其善者獻之於上須行諸路將千萬年受無邉之惠所謂一日天下歸仁焉者其在茲乎某廢逐至此豈敢復言天下事但念此事粗有益於世非閣下不能行之故不以告餘人獨走書門下冒瀆鈞嚴下誠不任皇恐待罪之至

答李康國

某謹齋沐復書機宜學士至性足下某聞言辭之不酬雖孔子不得行之互鄉況齪齪如僕者乎昨辱不彼惠然肯顧且沐寵光長牋援李元禮孔文舉以爲喻聞所未聞幸甚幸甚某竊謂元禮文舉雖有通家之契然未若李氏胡氏有百世之契也今李出於伯陽父胡出於胡公滿邈邈不相及而以爲有百世之契何也聞之子產閼父舜後胡公滿閼父之子所謂以元女太姬配胡公者晏子亦云箕伯直柄虞遂伯

戲其相胡公悉舜後也李雖出伯陽據姓苑皋陶爲理殷有理徵而史傳所記理亦作李故管子法法篇云皋陶爲理或云李與理得姓各異今以理爲李無乃亂是族乎某曰不然按左氏昭十三年及襄八年皆稱行李二字不同卯明兼存而不易是明李與理通用也又按天官書稱熒惑爲李徐廣云李即理亂字夷吾信而有徵唐史紀内譜言李悉出隴西其説誠善然氏族志止明李出伯陽父而不原廷堅之系何氏姓苑推廣李氏十二望可謂該洽然亦不勘李

理通姓而分爲兩致後學讀晏子左氏太史公書者
疑且惑深可慨惜由是觀之李亦出舉陶而史亦云
舜得舉陶爲五帝然則舜舉陶之相契其來尚矣李
氏胡氏得不謂百世之契乎其也自初落南即聞尊
府君都運公将漕西廣之政又十有八年内徙合江
而尊府君適事邵陽又獲容邇擊榜區區向風慕義
有年數矣毋以不獲一見大君子之犀貫爲恨紹興
巳卯之春番禺經畧向公道衡陽過其談尊府君齒
録下走之意且及樞密王公相存問之言竊知尊府

君與僕厚矣日欲走門下求識面而匏繫不果民之無禄尊府君遽捐舘聞訃驚怛葢上以爲天下慟而下以悼其私敢謂執事敦無改之美以礪薄俗且辱尋元禮文舉之盟詞藻粲發惟是衰朽庸虚曷足以當之輒不自揆度援重華咎繇之美以寓悃愊雖辭鄙義拙而其意則勤矣執事畧其辭而察其意幸辱賜觀采焉幸之大也幸之厚也某再拜

答汪主簿洋

某嘗聞古之君子其所謂知與遇者天今之君子其所謂知與遇者人古之君子其所謂知與遇者非天也已也今之君子其所謂知與遇者非人也利也古之君子其言曰下學而上達知我者其天乎又曰吾之不遇魯侯天也其知也其遇也皆天也而以爲非天何耶曰聖人嗟人不已知而曰知我者其天乎言人不已知亦不必天之已知也君子自知明已有善必知之已有不善必知之不爲天知而爲善不謂天

不知而爲不善天之知不知我何預焉故曰知我者其天乎疑辭也然則不遇魯侯天也亦疑辭耶曰然曷疑哉曰君子之遇不遇在己而已耳已誠善則在困如亨即不遇猶遇也已誠不善則居寵亦危雖遇猶不遇也夫在困亦亨天豈得而否之居寵亦危天豈得而安之是遇不遇在己而已耳天何預焉故曰吾之不遇魯侯天也疑辭也然則天生德於予天未欲平治天下皆歸之天亦疑辭耶曰然曷疑哉曰聖人固云我非生而知之而肯自矜曰德爲天生乎曰

天生德云者蓋有爲言之也或曰固天縱之將聖云者亦非聖人意乎曰非也夫聖孔子不居況肯居天縱之名乎若夫平治天下人主職耳亦何預於天其曰天云者甚嗟之之辭也紂云我生不有命在天其臣固非之曰乃罪多參在上乃能責命於天而謂輒也誠謂治亂聽於天乎故曰古之君子其知與遇非天也已也今之君子則異矣其求之也不求諸已其遇合也不在於道附麗匪人而謂之知已同流合汚而謂之遇主夫不患人之不已知求爲可知也已無

可知之善而附麗匪人以爲知已其知也豈仲尼之所謂知也哉遇主於巷要其委曲求合若委巷然非不由其道也而同流合汚以遇主豈軻老之所謂遇也哉故曰今之君子其所謂知與遇者利也某也辱書爲賜始末及古人所以知與遇之道其論甚美至於稱道過實非僕之所敢知也輒叙所聞於師友者以聞執事以爲然否某再拜

卷之九畢

胡澹庵先生文集卷之十

宜川後學符秉龍斯萬　校閱

宋廬陵胡銓著　鍾蘭映奎　紹虞膚文

嗣孫　澐龍篆　廷棟騎屋　編輯

定静園　近仁元長

逢盛亮釆　值夏道院　永陽院背　仝訂

書

上張丞相

其頃自宜春遶遠鈞席言歸廬陵杜門却掃讀書養

親者又一年矣居恒自咎以爲周瑜二十四經略中原相國春秋纔四十出入將相身爲天下重輕者十年於茲矣僕年三十有五徒多睡善飯年來鬓髮星星覧鏡茫然進不能出力補報明君退不能取寸祿斗食以榮其親僅同幽蠹日夜守蚩尤之廬又不能效四體拼骨者掃門拜塵於王公大人之前往往枕戈待旦志梟逆虜其胸中耿耿者固在近者側聞相國奮然以天下之重自任四海之士皆願身橐鞬備奔走僕固門下士也窮愁無聊不獲挾糧以趨然士

爲知已者死輙敢不避斧鉞之誅冐進狂瞽之説伏惟憐其志而少加察焉僕聞古之欲謀人之國者必有一定之計孟明之伯秦范蠡之伯越留侯之佐漢皆得其計而終身守之雖其間勝敗利害不能盡如吾意而其先定之計截然不揺故孟明伐晋也則一於修政事范蠡取吴也則一於訓兵農留侯取楚也則一於行反間率皆守其所長屢挫而不易向者兵無定論類皆出於倉卒一時之計其始也以爲莫若和既而不效則又易其説曰莫若戰然戰之説常不

勝而和之說常勝故虜常欲戰而我常欲和夫求和
而自我則其所以爲幣者必重幣重則國用竭國用
竭則凡誅斂豪奪之法不得不施於今之世矣則是
虜不戰而已坐困吾中國也夫與其不戰而困吾中
國孰與戰而制虜之命其利害較然甚明故曰欲天
下之安則莫若使權在我欲權在我則莫若先發而
後罷是今之勢要以必至於戰敢問今之所以戰者
何也其決出於一定之計耶無乃出於倉卒而僥倖
一時也夫出於倉卒而僥倖一時則僕固不能料若

果出於一定之計將相不可不和政事不可不修糧餉不可不贏兵將不可不練孫吳復起愚知其必不出此矣然而今之所以為此備者缺然未見其故何也書生之論迂為目前計乃曰兵多者常敗兵少者常勝至謂光武六千人破王尋百萬東晉八千人破符堅百萬曹操許下二萬人破袁紹四十萬遂欲僥倖於尋常倉卒變詐之計謂真可以少擊衆也嗚呼使今之計果出於此愚恐朝廷輕動天下之兵而僥倖於萬一也可勝寒心夫兵當論鋭不鋭耳多寡顧

時勢如何愚嘗疑王翦與始皇議滅楚非六十萬人不可以爲翦之言欺矣及觀田單與趙奢論兵然後知老將之言不妄也夫趙以齊田単爲相単語趙奢曰吾非不説將軍之兵法所不服者將軍之用衆也帝王之兵不越三萬而天下服矣今將軍必負十萬二十萬而後用之使民不得耕作糧食輓賃不可給也奢曰君非徒不達兵又不明時勢矣夫呉干之劍肉試之斷牛馬金試則截盤匜薄之柱而擊之則折爲三質之石上而擊之則碎爲百今以三萬之衆而

應強國之兵是薄柱擊石之類也且夫吳干之劍無脊之厚則鋒不入無脾之薄則刃不斷兼此二者無鈎竿鐔蒙須之便操其刃而刺焉則不入而手傷今君無一萬二十萬之衆以爲鈎竿鐔蒙須之便烏能以三萬行於天下乎古者四海萬國城大不過三百丈人雖多不過三千家則以三萬距之足矣今取古萬國分爲戰國七兵能具數十萬食能支數歳千丈之城萬家之邑相望也君奈何以三萬之衆攻之田单喟然嘆息曰单未至也由此觀之攻千里之城毀

百年之業不乘大隙持大衆不可夫決機兩陣之間預爲一日成敗之計乃可以少擊衆今使朝廷輕動天下之兵謂以少擊衆爲可行是亦薄柱擊石之類也自古用兵之說曰先爲不可勝以待敵之可勝竊觀今天下大勢以爲北虜内潰雖有可勝之形而中國未有不可勝之備何也紀綱修明食足兵强羣臣輯睦卒乘競勸天下歡戴其上截然其若一家而無隙可乘是之謂不可勝之備今則不然朝廷姑息而軍政不張矣仕流讙謗而公議不行矣豪奪錯起而

細民不聊矣賄賂公行而墨俗不清矣竊聞道路之言頃者鑾輿親征諸將首鼠顧望不即渡河乃詔先次推賞至有一日轉四萬資者夫爵重則人勸爵輕則人賤而不勸今所患者爵輕也設法貴之猶恐不重若又自棄將何勸焉唐明皇以張守珪斬可突于功欲以爲侍中假其名張九齡曰名器不可假也德宗幸梁道有獻瓜果者帝嘉其意欲授以試官陸贄曰爵位不可輕也夫侍中散號也試官虛名也予一散號授一虛名尚病不可況四萬資乎太宗皇帝時

内侍王繼恩平蜀有大功止授宣政使耳章聖皇帝幸澶淵李繼隆疾戰破虜虜亦但加開府階耳今一出而轉四萬資以諸將計之則數十餘萬資矣有如破北虜克僞齊朝廷將以何爵加之夫數萬資宜不足恃也然而冒鋒鏑排患難者以是酬之可謂重矣如使無功者輕得之彼捐軀命者曰吾之軀命乃與無功者同科尚誰肯身膏草野乎況今諸軍爵隆位高下至竈養官皆橫行以上至有左武功右武功之隊自古官濫爵輕未有甚於斯者姑息之弊一至此極

猶養鷹者既以飽之而求其擊搏不可得也嗟乎軍政之不張其弊有不止此者且如向者朝廷患竊發之寇遣兵誅之往往假討賊之名殘破州縣掠無辜之赤子以邀賞級一有不慊則兩軍相挺視朝廷如穸苍甚者掊什器淩孕婦如郭晞輩者往往如是杜甫有言聞道殺人漢水上婦女多在官軍中可勝言哉襄王問孟子曰天下惡乎定對曰定於一曰孰能一之曰不嗜殺人者能一之當是時諸侯皆將以多殺人一天下至戰國之後更始皇項籍殺人愈多而

天下愈亂及漢高帝雖以兵取天下而心不在殺人然後乃定子孫享國四百餘年王莽之亂盜賊蜂起光武復以不嗜殺人收之及靈獻之禍曹公孫劉皆有葢世之畧而以喜怒殺人故天下卒於三分司馬父子力能一之而殺心益熾故既合復散裂爲五胡離爲南北隋文帝又能合矣而殺不已至子而敗及唐文皇始不嗜殺人天下乃定其後五代之君出於盜賊夷虜屠戮生靈如刈草菅數十年之間天下五禪悲不能有天下之半及宋受命藝祖皇帝雖以神

武誅鋤僭竊而不嗜殺人之心神人信之未及十年而削平之功過於漢唐是以百餘年間有死於癘疫而無死於兵亂蓋自孟子以來皆一天下者四君以不嗜殺人致之然則如欲定天下而以無罪多殺人如諸將之暴者適以害天下也而尚何能一之此愚所以日夜憤此恨世無段太尉而坐視此行行也三數年來賄賂公行寖以成風內之銓曹官以賄遷外之監司官以賄辟下之州縣獄以賄成廉潔者指爲沽名率多餓死貪沓者謂曰解事類得美官譬猶竊

鐘掩耳謂衆不聞往往殘民以逞肆無厭之求世莫以爲非者大舜之世一饕餮耳尚在不赦今列郡不知幾所使郡有饕餮一人則天下之大不知其幾饕餮也此而不禁安問夷狄故僕嘗以謂去北虜易去貪墨難使貪墨一清夷狄有不足治者矣夫張奐安定屬部耳誓諸羌曰使馬如羊不以入廐使金如粟不以入懷於是威名出大都尉上而羌豪不復起蓋夷狄性貪吏清則以爲不可犯諸郡之吏皆如奐則清聲振沙漠北虜雖遠將靡然向風夫飛鴞惡鳥也

食我桑葚懷我好音雖曰戎狄其無情乎故曰誠使貪墨一清夷狄有不足治者矣夫祖宗時天下殷實一都水監一轉運使未大害也蘇軾建言猶以爲冗力詆罷之今天下乾耗官冗益甚豈特一都水監一轉運使哉館職所以待賢也今館職之外又有所謂計議編修删定之官樞密所以主兵也今樞密之外又有所謂國信行營之使諸路撫安司有職官曹椽爲之屬矣又有幹官及准備差使數十人一路有轉運使以兼督鹽鐵酒茗可矣又有都運提舉提點三

數人郡有兵馬監押一人典兵足矣又有添監路分訓練鈐轄數十人下至一鎮一場一監所得無幾官至三四人監之至於諸軍如此類者則又不可以枚舉人徒祿廩之費歲以鉅萬計皆民膏血甚可憐也夫里有畜馬者患牧人之盜芻菽也又使一人焉為之廐長廐長立而馬益癯官益冗而民益困利害甚易知甚易曉也或成法已久今欲一切罷之朝廷固不惜大體哉僕謂今日受弊之術當權天下之利病而圖之使罷之而天下以為病則大體為可惜使罷

之而天下以爲利則大體庸何傷況今東南大饑轉徙莩死以至萬萬昔者易子而食今則父母手刄其子而食之昔者析骨而炊今則暴骨蔽山無可炊之米嗟乎此何等時耶而尚屑屑顧大體不痛矯革何以起天下之病乎夫唐憲宗中才主也慨然發憤志平僭亂徒以能用忠謀不惑羣議而强藩悍將悉欲悔過而效順今朝廷清明威令風飛視憲宗爲不足道矣然而内有桀驁之武夫外有竊據之奸雄老師費財兵連禍結僅且十稔收復之難未有若今日者

也漢高帝既得天下之後自可高舉端拱然猶親冒
矢石戰匈奴於平城之下唐太宗既克隋矣又歲歲
出師暴露千里之外親擊高麗至於再三徃歲澶淵
之役章聖皇帝亦嘗躬擐甲冑親臨不測之險一戰
破虜至今以爲美談當是時豈無人可遣哉正欲壓
之以天聲以褫敵人之氣決之以親行以鼓諸將之
勇形之以好戰以示吾不憚於臨兵使四夷日夕狼
顧以備我然後天下之權有所歸此唐肅宗所以不
踰時而復兩京用此道也間者下親征之詔四方聳

聽日月以冀興謂當行見中興然而大駕徘徊頓蹕臨安者久之上辜兩宮引領之望下辜兩河壺漿之迎忠臣義士日夜扼掔夫兵出無名事故不成戰國之間以詐力相持二百餘年兵出未嘗有名秦昭王欺楚懷王而囚之要之以割地諸侯熟視無敢西兵者獨田文耻之借楚爲名與韓魏共伐秦兵至函谷秦人震恐割地以與韓魏僅乃得免自山東難秦未有若此其壯者也今朝廷所以隱忍未決者不過以爲兵出未有名耳愚竊以爲過矣夫兩宮滯留甌脫者

十年矣若乘此機會以遡請爲名決策北向則忠臣義士皆願一舉而空朔庭吾之氣已可以挫百萬之師矣所謂未戰而廟算勝者此之謂也願相國審處一定之計斷而行之使中國卓然有不可勝之備一旦鼓行而前如破竹耳管見區區所謂嫠不恤緯干冒鈞嚴惶恐以之

再上張丞相

某竊惟丞相盛德大雅汲賢渴士拳拳以推轂善類旌別淑慝爲已任四海一人而已至於正心誠意常以不得進賢佐主爲已憂亦四海一人而已士之獲私於門下攝下緝而升堂聽教誨於左右觀道德於前後最久且厚如某者海内以幾何人哉思念所及輙於竭愚者千慮之一以爲高深涓埃之助矧閤下朝夕拳拳以爲已任且以爲已憂者敢不懇懇然少攄悃幅乎竊聞馬或泛駕而致千里士或跅弛而立

功名今天下之士所至鱗集未易縷數又閤下之志或有待而爲如退之所云者故未敢羅列以進試言其粗倘以爲可而辟寘幕府僕將繼此而有請昔漢光武改元之初擢縣令王梁卓茂二人皆即日拜三公其寵禮如此今縣令之職日輕民益不理蓋上之人忽而不省其人之過也今縣令之政可稱者有若前廬陵令葉行已有若天台令王琰有若泉江令張大經有若安福令路植有若宜春令范如璋皆著美譽而負聲稱若其日已久矣行已元樞之猶子鄧江

西柞知之琰荆公之裔浙東漕陳輝知之如璋胡文定之甥植祭酒淳中家也大經未有知者而其人或貧不能自立或困於無資地而行已貧尤甚益人多以亢樞之嫌而莫肯言遂揜其長而當路蔑有舉者誠可歎惜方今都岩廊者志得意滿謂在下舉無遺賢獨閣下卓然遠覽有長慮却顧為天下謀磐石鞏固之心宜僕之以此言瀆於執事也雖然此亦採其一長而近時號為勤廉惠政者耳若曰必方古潩茂而後取焉則非僕之所敢知僭妄狂瞽仰干鈞嚴下

情不任隕越皇悚之至

與王中丞

漢有一汲黯而淮南寢謀直臣之有益於國家如此
厥今胡虜張大横行中原豺狼搏噬之心偃然未厭
聲言提兵犯闕三道並進直指淮甸士大夫相顧失
色皇皇然搏手無謀皆若戈及在頸往往大半為遁
竄計愚深寒心夫以一汲黯能折淮南之反謀以今
朝廷縉紳百辟高步大言指呼之間導從辟易皆若
下顧汲黯爲不足道而醜虜卒未聞畏憚某人如畏
汲黯者亦未聞畏某人而寢厥謀者乃敢聲言犯闕

畧無忌憚如入無人之境豈可謂不寒心哉恭惟中
丞先生朝廷之綱紀百寮之師表天下之所仰望者
也祖宗以來責任中丞甚重而中丞亦甚振職爾時
公卿士大夫小有疵纇方幅尋至人咸側目雍熙中
以樞密副使張宏爲御史中丞中丞趙昌言爲樞密
副使太宗以用兵之際宏但守位惟昌言司風憲而
鑠鑠敢言故兩易其任今閤下官爲中丞與昌言等
當用兵之際與昌言等不聞鑠鑠敢言如昌言何也
謂無事可言耶則今朝列中多非其人或違公議非

無可言之事也或職不當言耶則閣下主何事也謂嘗獻言而上未從耶則願閣下正法冠立朝堂力排僉佞須有回天之力乃已今閣下亦知朝廷僉佞之目乎懇請採之公議以助方幅糾彈之萬一謹按祖宗朝吝惜名器雖宰相親舊倘非才望過人不在清要如陳堯咨兄弟皆一朝選尚不敢並進畏公議之不容也竊觀今丞相公位列台司爵命峻極而勳猷蔑聞以為可恥而其兄端明公復據華近凡行在繁劇之任悉令總領不知何以勸之昔太祖時竇儀以

清介謹厚方處端明之職非是不宜濫居正使才猷
卓絶尚當避連茹之嫌況鹿鹿伴食者乎閣下知此
而不言非勇也謹按太祖朝以沈倫爲樞密副使先
倫爲霸府從事與有攀附之勞者然太祖必久試才
効以其謀議優長始大用焉竊觀今之樞臣擢自外
戚遽攬軍機大柄不聞有安邊防患之計熟視醜虜
陸梁莫敢呵責方國家多難之秋此輩雖千百何益
治亂往者蔡攸輩叨任樞柄一敗塗地今繼大亂之
後而復蹈覆轍社稷安危殆未可知僕爲朝廷惜此

一舉閤下知而不言非勇也謹按太祖朝以和㠓貴家子能業文甚寵待之欲令入翰林者屢矣他日語近臣曰㠓眸子眊然胸中必不正不可以居近侍也命遂寢夫祖宗用人爲學士不專取其文辭必先觀其爲人邪正如何耳如㠓别無顯過但慮其胸中不正便罷不用今之處此職者乃不問臧否但取詞華況前日被謗之人醜狀暴露吏議沸騰已爲先朝擯棄今乃用之是先朝不當擯棄乎夫翰林清選也古人居此者盡號清流今無迺反爲濁流乎閤下知此

而不言非勇也謹按祖宗朝以魏庠柴成務同知給事中甚艱其選又命向敏中張詠同知銀臺通進司給事中封駁隸屬焉蓋關防之密懼封駁之不審必其精選如此今之所謂給舍乃大不然徒齪齪自守阿合苟容所駁者非端人正士即宰相大人之佚人也古人批勅裂麻之風愚知不復見於今矣嗟夫祖宗銀臺通進之命自此遂輕良可惜也閣下知此而不言非勇也謹按大中祥符間詔御史臺官須文學優長政治尤異者特加擢拜天禧中亦詔近臣舉

公清强敏才堪御史者各一人當時重臺諫之職如此誠以風憲之不可輕也竊觀比來以孫覿處臺諫士議囂然僉謂覿前日陷君父於大難奮然草檄請命金虜乃敢於君父之前嫚罵宗廟此與抔土未乾之語何異嗟夫古人固有遭賊刦辱腕可斷而檄不可爲者正使白刃在前獨有死耳豈直恐爲此文也哉僕恐覿之徒志一得逞則直士受禍侫臣日熾清明之朝一舉而汚之閤下知此而不言非勇也凡此國家之大計僕願閤下明目張胆爲新天子論列其

弊稍清朝列復薦引剛方端正之士以助陛下渴賢之舉勿避怨而妨賢勿畏權臣而揜善且如李綱之剛果謝如意之才畧馬仲之骨鯁皆可用之才一朝用之必能宣力閤下知而不舉懼以速鑠金之禍或曰李綱很於自用傲慢朝列是大可罪尚安用之僕謂綱誠可罪也然古人使功使過使貪使愚詎以一眚遽揜大德況今虜寇猖獗所憚惟閤下與綱耳若廢綱不用正墮虜計中矣昔郭汾陽與李臨淮生平睚眦雖同盤而食睇不相視一旦國家有難汾陽慨

然執臨淮手曰方今君父蒙塵豈懷私忿時耶卒之二人協心戮力共殲大憝議者謂平難功雖自臨淮實汾陽之爲多也願閣下擴汾陽之量使綱得效臨淮之功無使生靈爲血爲肉天下幸甚僕狂愚不識忌諱輙敢論列公卿大臣罪當萬死然願爲忠臣不願爲愚臣不識閣下其聽之否乎不然懷祿保寵緘口默默與立仗爲等不願先生效之也

與吉守李舍人

某蹤跡無似鹿鹿與時左自坐困七年未嘗妄吐一辭溷長者家兒雖頗喜論列所向如水沃石故井躓窮谷不求聞達不意執事者有志乎民且折節下士輒遂以尺札塵記室仰惟執事之始蒐獮民瘼一切僕竊忻快以爲行見風塵廓清然僕嘗聞古之賢吏有奉宣詔條如黃次公者有遺詔不從如倪子泉者有矯詔便宜如汲直者有閣詔不行如何益昌者大抵皆愛民便國故斷然行之不以爲嫌而其君不以

爲非若當奉詔而反違之則爲主德不宣當違詔而反從之則爲逢君之惡當矯詔而反難之則爲齷齪敗事當閣詔而反行之則爲阿合苟容如是者傷於民而敗於國一也昨曠蕩大施洗沉痾起廢疾於湯火中氓民更生翹首望德而刻木拘文徒挂墻屋遂使實惠不下究況今禾既登場連陰積雨南畝之稼大半芽蘖卒歲之望民心囂然少陵所言禾頭生耳黍穗黑正以此耳借使如詔而損其數尚病不辦倘盡督之細民將何堪且天作霪雨害於粢盛宋魯以

爲深憂而春秋所甚病近者秋旱冬潦害不爲細爲民父母寧能不惻然動心耶聞者緑林草竊弄兵不已至殺令破縣若蹈無人境此皆長人者貪婪起之大府不得已遣官軍跡捕然所至椎剽鄉聚鷄犬蕭然一空名曰捕寇實自作寇小民至相告語寧死賊手勿遇官軍蓋怨之甚也是雖軍兵領以裨將官兵領以通守殆是以羊將狼世無段太尉往往縱兵剽刦如郭晞輩者亦何可勝道哉凡此皆僕近所親見聞而害民最甚者故敢畧條一二閤下試悉心究之

有可以利民者則願奉宣詔條使民見德有或不便於民者則雖閣詔不爲嫌有詔條所不及而利當與害當去者則雖矯詔不爲悖且何益邑一縣長吏耳詔有不便於民尚能閣而不行況太守專達得與宰相大臣論可否耶僕頃宦學上庠已飽飫閣下聲望深所願見兹幸辱臨黄堂長我桑梓僕敢自後於任棠不少有獻於麗使君耶伏惟少賜裁覽幸甚

與吉守李侍郎

某不避進越之罪輒爾冒瀆伏蒙不忘微賤賜之教墨俾破甑敝帚復增九鼎之重側聞善政流行人皆便安田野稱頌不容口如近者詔安事非閣下鎮靜有守往往闔境奔潰矣然或聞郡人以拍酒爲擾者悉謂此漕司啟之吉之人以酒爲生如虔民以宰牛爲業自古嚴守令所不能禁況其利害亦甚明白就令害寡利多仁者尚不忍爲今拍戶十亡六七間有見在亦破家竭產了納官課不然必私自醖造逃雜以

官酒賣之有司追[illegible]私釀又破其家遂至相躡俱竄而望課之不虧踈矣且失民得財尚不爲利況民財兩失者乎往年僕權本州判官嘗力與發運劉無偶論其不可而漕司决欲行之郡人被害竊聞閣下初以爲不然牽於言利者之說而漕司又决行是勢之有不得已者然此固細事未害善政小生亦何足與議竊謂閣下前常列言宣司於朝務欲存恤獨不能抗漕臺細事乎是必嘗言之而未暇更變也某死罪妄意僭瀆題跋孝經自知罪無所逃獨念眉山先生

免父之喪以唐人畫像施浮屠氏曰此吾先君之所甚愛者且謂爲前人捨施必所甚愛與所不忍捨者僕遂惟先君於物無所好又不喜非聖人書惟喜讀孝經是謂甚愛者莫若此書而先君年幾八十養其母不衰友其弟甚義蓋深有得於孝經者僕區區之意望一言之重政爲如此古人有書太守名字以厭父病者或告之太守則曰是爲其父則孝也置不問又有賢長吏手寫孝經以教人曰讀此訓足矣僕求一言以榮先君未若書名以厭父病者苟蒙揮此

書鐫之石則萬古有光不猶愈於手寫以教人者乎前蒙諭如世之印施佛老書恐非聖人意則誠是矣然謂此經在天地間家至户到誦習已久則非僕之所敢知也夫孝經何謂作也孔子閔衰世道絶爲曾子陳孝道也如使當時天下知有君則春秋不作可也知有親則孝經不作可也夫孝天之經也人生而有父母兄弟君臣之愛非梟獍犬豕則孰不知有父母兄弟君臣哉而仲尼諄諄訓誨曰此天子之孝也此諸侯之孝也此卿士之孝也此庶人之孝也不幾

於贅乎以爲贅則是經不作可也今而曰此經家至户到誦習已久爲無所待則人而有父母兄弟君臣亦何必作孝經哉今斷然號於人曰孝經無待於名卿大人而後顯則皆仲尼不當作孝經而人自孝可乎哉以爲可則長孫氏不必設博士江翁不必誦少府后蒼不必訓練大夫龔奉安昌侯張禹不必傳孔氏壁中古文不必記古之賢長吏不必手寫以教人也人自知孝此經無所待也夫蜀郡古巴土也俗不尚文自文翁教民讀書其後遂有司馬太子王褒嚴

遵之徒爲世師表閩本無諸之國常衮常爲文章講說欲一變其俗遂至取士與内州等而歐陽詹羅衮輩盡號儁人至今閩蜀儒學甲天下由文翁常衮發之夫讀書人可能也何必文章人可能也何必常衮然二方文學之盛繫二侯是賴則經學果無待而傳也耶漢平帝詔天下以孝經教授明帝令羽林通孝經章句如使是書果無待則平帝奚煩於教授明帝奚俟於通經推是論之果不爲無所待矣況上方以孝理天下而閣下移孝以爲忠固當修俎豆之

容厭戎馬之氣推愛敬之實消悖亂之風使鴟梟爲鳳鳴狼獍作麟感正有賴矣能受一言於門下士乎異時風俗淳厚家顏閔而人曾參則廬陵之人必曰自閣下發之如文翁常衮之爲也僕雖不佞固願效蜀司馬閩歐陽爲此邦羽儀使人知門下成就人物若此則閩蜀寧得專美哉伏惟察其忠憐其志而許之某不任懇切悚皇之至

三上張丞相

僕嘗聞孔叢子曰死病無良醫非無良醫也言垂死之病醫之難乎其人也救大亂亦猶是矣故起垂死之病者必能洞察五臟深識其受病之由然後一藥而得愈理大亂之世者必能通達國體深識夫救亂之術然後一舉而收成功今天下之亂極矣閣下以碩德重望起而救其亂作世和扁是必識夫救亂之術然後可以起垂死之病夫識救亂之術必先觀天下形勢如醫者之治病亦先視其一身之形勢攻其

所當攻如使病在膏肓然後圖之雖神醫不可爲已僕竊觀天下形勢莫如雒陽長安大梁三者而已雒陽抱殽澠據成皋直伊闕左瀍右澗表裏山河東南北千里以爲關而入敖倉地方百里者八九雍與梁實恃以爲重故自古號爲天下咽喉長安左殽函右隴蜀襟終南大華之山帶清渭濁河之水而河中馮翊陝虢環慶地方數千里悉膏腴沃野卒然有警百萬之衆可具故自古號爲四塞之國大梁地廣平四通五達之郊齊楚韓趙壤地相錯而汴蔡之水參貫

其中歲漕東南六百萬斛以給軍食自古號爲天下之腹心三者皆形勢壯觀者也然僕以爲皆非今所宜用兵之地何則往者嘗據梁矣居之數年卒不能有益梁利於戰而不利於守非恃東南之粟以爲固則不可以守故徙而之長安然其據雍雖倚山河之固以愚料之則利於守而不利於戰若持之三數年彼將坐受其敝何則以戰則勢有不可以守則無救庾之粟外强中乾恃險與阻愚知其無能爲矣然則雒陽若又可料其不能有也夫雒陽長安大梁僕皆

謂僞齊所不能有則朝廷能居之乎曰不能夫長安雒陽朝廷誠不能徙居之梁故吾都也而亦謂不能何也蓋祖宗所以都梁者恃兵爲險又有河南雎陽魏博以輔車之勢有兩河陝府爲要害之地故晏然處天下腹心可以高枕今長安距梁僅千餘里而有桀黠之僞齊澶淵距梁僅二百餘里太原距梁僅千餘里而有縱横之虜是輔車之勢要害之地均非吾有而兀然腹心之地安能一朝居乎梁之不能居則雒陽之不能可知也然則爲朝廷之策者宜柰何曰

宜取睢陽而守之夫睢陽宋興王之地禾絹之所由起蓋古景亳而春秋之宋都也湯始居之以王謂之商坵主祀大辰蓋協於火德之運實得天統而其地擴東南之衝實得地利西北之士日夜跂而望歸因其鋒而用之復得人和朝廷如不欲清中原則已如欲清中原宜莫如蒐兵積粟投機決策直取睢陽然後圖復兩河則天下可傳檄而定矣或謂僕曰宋距梁纔三百里子以梁爲不可居則宋安可以守且春秋襄與楚爭伯卒有孟之執薄之盟泓之敗其後宋

武帝號英雄得蜀得關中盡有河南地十分天下之八然不能使一人渡河以窺邉是宋固非用武之地況今勞師逺襲以圖復宋則糧餉輓貨將不能繼有如虜兵乘其後偽齊扼其前師老食盡則吾几上肉矣僕曰然宋襄不修德而摟諸侯次睢之社殺人以逞而欲慕文王之仁義何不敗之有然在當時吳楚齊晉狎主夏盟迭相吞噬而宋介然其間終於春秋固不失為大國若夫宋武所以不能遂并天下者直以不能得山東耳非地小弱而形勢有不便也況今

千乘萬騎一毫以上悉仰東南而宋實據東南之衝卒有他變則可以倚援於東南而糧餉輓賃非如大梁止仰給於通濟渠琵琶溝耳朝廷誠能鼓而西直保睢陽以一軍軍魏博一軍軍河南一軍軍大梁河南魏博大梁睢陽相距纔三四百里緩急足以相援再倣古營田之制以漸畊墾張吾軍實此亦中興之推輪也夫與人鬭不扼其吭拊其背未能全勝故自古興復大業者必據形勢之地譬之豪民大商必居通都巨邑以操贏資然後獲倍稱之息故光武始於

上雒成於鄗不旋踵取天下少康邑諸綸復禹舊績
祀夏配天唐肅宗起靈武不踰時而復兩京永嘉之
亂晉元渡江棲於建鄴垂百有二年卒不能以復西
韓熙載經畧江左欲長驅定中原勢卒不利而李穀
自京師乃能席卷淮甸取江南若探囊中物耳此居
中國外與居偏方下邑利害禍福之明驗也故僕竊
以謂自治爲上策取雎陽爲中策據吴越保江南最
下策也干冒鈞嚴隕越待罪不宣

卷之十畢

胡澹庵先生文集卷十一

宋廬陵胡銓著

宜川後學符秉龍斯萬　校閲

鍾蘭映奎　紹虞壽文

澐龍篆　廷棟騎屋

嗣孫

定静園　近仁元長　編輯

逢盛亮采　值夏道院永陽院背　仝訂

書

與吉守吕殿撰

僕不肖遭世亂離避地深山讀書養親不喜與城市

人接若麋鹿畏陷阱視權門大府如熱見火亟求避去至經年足不敢入城今聞之樵採者曰廬陵又得一賢大尹盍出賀僕自惟野性悻悻顧雖萬牛不可轉重念昔龐參爲濮陽太守郡人任棠者隱居有奇節參到先候之棠不與言但拔薤置水自抱兒孫伏於户下參良久曰棠是曉太守也水者欲吾清也拔大本薤欲吾擊強宗也抱兒當户欲吾開門恤孤也乃嘆息而還後果大治夫居今之世郡守不俛眉雖有隱居如任棠肯折節下之乎夫使太守不宜折節

以下士如罷公使如僕者又隱居不出如任棠則一郡之利病休戚誰與太守白之幕官椽吏抱文書雁鶩行以進婞阿唯唯決不敢論列可否就令建白一事二事又未必熟悉邦人情狀故罷使君必訪之郡人任棠詢土風也僕亦郡人也此邦之利病休戚熟矣宴居深山不少有所論列是誠何人也僕聞廬陵之俗所至患者民困而吏不恤訟煩而爭不息獄寃而官不知曩者盜賊一呼至四縣同日俱破而流民至今不復者誠訟不理而獄亂之也獄訟一亂民乃

大國江右之民名爲健訟殘破之後訟益大張刀筆者志於繩人而貿利則煽民以訟根株牽連捕一逮十遂開誣告之獄夫誣告者無所因以發也則曰是嘗殺人是嘗殺人者黨也是嘗爲寇是嘗爲寇者黨也然是固未嘗殺人而爲寇一遭誣告便與妻子訣彼名爲黨者亦皆株引就捕十室而九吏治者利其然煆煉而周内之鑿空投隙枷楔兼暴其甚至拉脇籤爪泥耳籠首人苟賒死何求而不得彼實殺人而爲寇者乃怡然如平民何則利厚金多賂使之然也

小人窺誣告之利相煽成風又開攔撫之獄攔撫者謂攔前事而告之官也一昨虜騎犯郡所至椎剽竊發乘勢掠於民謂之白奪往往鄉民厭苦聚衆殺之此非殺無辜也小人乃攔撫以爲冤而白之官曰彼所殺人者我之兄弟親戚也則舉一鄉而盡告之有司利其然則舉一鄉而盡逮之囚滿鞫成刻木者喜津津乎見眉宇而官不察也夫彼所殺者正使誠其兄弟親戚乃與殺寇賊等耳法固勿論又其事或在三數年前蹤跡蕪没今反繫治楚毒詿累善良鬻一

獄至錢千萬是不但虐吾赤子亦破吾三尺法然如此而官不察良有由矣蓋日者貪賞之吏務以獲寇改官則轉取於捕盜者之手然非能獲真賊也率皆以編氓爲寇捽抑而置之獄榜掠交下囚人不勝痛則廹而承之曰我真寇也奏當其成官利其賞欣然付之都市無難色吏知其非而不敢言故治獄之吏皆欲其死非憎人也自爲之計在人之死是以一郡之間大辟歲以千計可爲寒心一二年來郡頗大兵仰給諸縣其間僻左縣邑遠去太守耳目老胥斥史

誅歛百出往往以人肝代米官取其一乾沒者十七
八箠楚之下人不堪忍則歛怨而訴之州州方仰給
縣官則又下其事於縣縣捕歛怨而訴者置之獄不
置之死即破其家人遂以訴州爲戒而諸縣寖寖奪
郡將之權矣夫薛宣爲左馮翊得郡中吏民罪名輒
告縣長吏使自行罰曰不欲代縣治奪賢令長名也
夫使諸縣皆賢令長則民自不寃復何訴哉此薛馮
翊所以不欲代縣治如使民怨無告而訴之州則令
長不得爲賢矣如此而州不爲治反曰縣自有令彼

民將何告也其禍可勝言哉僕前謂民困而吏不恤訟煩而爭不息獄冤而官不知可爲寒心者此也然閤下龔黄之化固非東郡龐參之可比擬而僕之瑣瑣迂議亦非敢上希任棠也獨念拔薤置水無甚高論而龐使君遵而行之尚以大治况僕之累千百言頗中時病萬一採其一得少賜省覽使圜扉之下無冤憤不平之氣則叶氣嘉生薰爲清平豈惟吉人之幸實朝廷之望也冒瀆視聽其不任悚栗惶懼之至

與吉守李寶文

某鹿鹿無似動與時左一昨廣陵冐片祿困躓八年杜門舌耕未嘗吐一軟語媚長者家兒雖頗喜開口論利害亦所向如水納石以是甘棄壑谷近者右相道江左採諸行路之語輒欲收拾樂籠中自揆何人不敢聞命故官之湖上輒謝不敏然終欲見收而野性蹇蹇終恐落落不合自聞閤下來爲郡大尹惻然有意乎斯人蒐獮民瘼一切僕竊喜忭甚以爲有賢侯如此不一吐胸中之奇是終不爲朝陽之鳴吾里

之休戚利病誰復言哉是以備條梗概以廣閤下之聰夫差役之弊自古長民者所甚病當此凋弊其病益甚且舉一邑一鄉言之邑凡幾鄉鄉凡幾戶戶凡幾丁縣令不盡知也但據籍爲定然籍不盡公也皆黠吏以意上下之富民則稅低丁少窶民則稅高丁多差役則鬮爲數等曰法當差甲甲者得賄則以乙爲甲乙者又賄則以丙爲甲丙者又賄則以丁爲甲故甲者常得免而丁者常不得免不得已而訴之州州曰縣令事何預我則又下之縣長吏惡其訴也加

以鞭朴械繫至有終歲不承則終歲械繫之鏈之以法必承而後已如此則丁者未及執役而其家已破矣況其執役之後稅薄丁弱當一鄉徭役之煩州縣供給之苦乎如此而不流爲餓殍盜賊無幾矣三數年來盜賊四起甚者至殺令破縣而賊夫貪心未及畔岸又欲破州其弊正起於山民之寨寨不平寇不可止何則吉與虔爲接境吉之寇大抵悉自虔而起然虔人非倚山寨爲之囊橐其勢不爲寇今吾州凡八邑止安成不與虔接餘七邑皆虔化興國雩兇往

來之衝而山砦又羣兇嘯聚之衝每一邑不下數十砦一砦不下數百人甚者至千人以上戈甲稱是一鄉之穀粟盡轄於砦魁之手一鄉之惡少盡束於砦魁之權州縣之刻木盡餌於砦魁之賂有一小忿則羣魁相梃環視而起名爲復仇其漸遂至剽掠又其漸遂爲寇盜官租公賦連年不輸小有追捕則據寨恃險敢與州縣抗衡有司不平聞遣官軍討伐而刻木得踃先爲之耳目矣孔子曰家不藏甲邑無百雉之城故春秋書墮郈墮費防此禍也夫邑且不可爲

百雉之城而山之豪乃至雉堞淩空弋擬轄雲尚謂
國有法乎自頃降奴犯城收復之後種種苟且只如
州縣官缺輙令閒官稱領葢一時權宜非可常者然
循沿至今此弊不革每一缺官則數十人爭驅有如
逐鹿或監司侭葛或要官子弟或守倅故人勢髙金
多者則得之其人賢不肖一切不察第謂某人流落
可憫某人貴游戚屬姑使苟禄耳夫朝廷張官要以
牧民祁豈計其流落可憫與夫貴游戚屬而授之官
乎彼庸妄之人苟得無耻一旦得攝有狠如羊者有

如狼者虎而冠者狙而服者鶴而軒烏而鵲者彼知其居職不久臨事苟且視官與民若傳舍之過若秦人視越人之肥瘠也其貪墨狠戾幸而暴露則監司郡守爭相蔽蓋世無趙廣漢決不能發伏擿奸假如一邑之中令丞簿尉有一假攝饕餮無耻則廬陵八邑有八饕餮也舉一州而有八饕餮則天下之大不知其幾何人如此而欲民不饑不寒不爲盜豈理也哉況今賄賂公行寖以成風柱後惠文視賄輕重鬻一獄至錢數萬鬻一縣至數十萬鬻一死至數十百

萬生民之命在三尺法刀筆子一搖手則死生已分
典獄之官不能皆廉往往臨咼哀將死之魚而又蓋
其薪可謂大不仁矣故僕竊謂差役之弊不革則民
生不保且如近者秋饑冬大寒道殣相望黎民救死
扶傷就食梓潭者已萬萬其老弱轉死溝壑者又萬
萬世無汲直不能發廪哺民反以爲天灾流行殆不
可以人力勝嗟夫此何仁人之用心哉僕之區區誠
不自量正猶黎人之芹秦人之炙子莫之芰子文之
昌歜遼之豕燕之骨奇章之石周人之璞稽之鍛阮

之屐雖若可笑而皆不可廢閤下倘以爲是奮然芟其弊而去之如老杜所謂一洗萬古凡馬空顧不快哉冒瀆台嚴戰灼以之

與廬陵知縣代

士有隱恐以就功名者蒙垢被耻雖戮辱萬狀而不以爲羞至如志義之士則不然懷奇操潔蘭貞玉堅有可殺而不可辱者夫殺身誠難雖古烈丈夫志在殞首揕胸貫虹食鼎而不顧者尚難一死而斷然自謂可殺不可辱者何哉詬辱無名耻有甚於殺也韓淮陰胛睨跨下甘心焉張禄折脇拉齒含胡簀中李北平縶紲灞陵夜中扼擊韓内史苦蒙縣吏溺灰之侮垂困笞罵而卒不恤彼其心豈頑鈍無耻而畏一

死哉以爲徒死無益故隱忍以就功名也事固有甚於死者王章下廷尉獄其女曰我君素剛先死者必君卒不免獄死見蕭望之被逮也帝曰蕭太傅素剛安肯就吏果仰藥以踣夫二子者就令當族誅便即死而其逮繫之始又未劇跨下簀中亭宿溺灰之爲也而二子爭先死之誠以詬辱無名死爲愈也僕盧陵白面書生也牛馬走非淮陰張祿韓李蕭王等比也顧齷齪無似獨其中耿耿者可殺而不可辱夫不可辱非好勝也已之道乃學爲夫子孟軻者也閣下

爲縣大夫民之師帥蓋以夫子孟軻之所以教人者教邑子也僕纓儒冠飭應書籍蓋嘗預天子所以責二千石勸駕者有日矣正使有過輸之司敗可也以贖論可也不得已殺之可也死即死耳賤隸安得而頡辱之哉夫辱之非辱士也爲吾夫子孟軻耻也爲吾縣大夫師帥教道者耻也爲吾天子所以責二千石勸駕者耻也辱一士蒙耻者三則上之人何以師帥爲哉縱不爲邑子羞獨不爲天下士君子地乎夫韓淮陰激跨下之辱卒以侯李北平激灞陵之辱卒

拜大将范叔激簣中之辱卒相秦韓安國激溺灰之辱卒拜梁內史數子者隱忍含垢卒使名聲翕赫可無憾矣然李斬廷尉范戮魏齊韓則欲族田甲獨淮陰少年僅免耳僕也受辱於巡警遮邏之卒似有甚於跨下等耻然方困甚固未能效斬尉族吏之報也呼五百而尸鼠輩正欲假手於縣令耳不然異時簣尸更生溺灰復然則睚眦必仇未甘在數子下執事以爲何如謹書不次

答符君俞

其白解元符生足下生之陳義甚高而其期我者何其過也士患質不可受道生能爾誰不欲告以善道善積而名日彰也孰禦之抑其也求入聖人之域而未得其門者也安足以語中庸之道耶雖然試爲生極竭毣毣之思生之有取於中庸也是生所評者與所極者甚似乎中庸矣抑不識生之所取者今之所謂中庸耶將取於古聖賢之所謂中庸也耶取於今之所謂中庸即古之鄉原耳將取於古聖賢之所謂

中庸則論語之書其不合於中庸之篇者亦希矣孝弟仁之本也無終日之間違仁也其心三月不違仁也剛毅木訥近仁也克己復禮爲仁也殺身以成仁也皆古聖賢之所謂中庸也抑又有難者某之所行不自知其至猶未也雖然行之有年數矣其始也博學之審問之慎思之明辨之篤行之國有道不變以趨時國有警不變以避害和而不流中立而不倚當其反諸身而求合乎道也擇善而固執之硜硜乎難以入矣其涉於世也不知其毀譽之爲毀譽也如是

者力行之既久猶不已然後知中庸之爲難與雖中而不至焉者劃然判矣而固守之僅乃有得也當其反諸身而求合乎治也拳拳服膺而弗失之矣其涉於世也舉世譽之心不加勸舉世非之心不加沮以卜其信道之篤與不也如是者力行之亦既久然後確乎其不搖矣吾又病乎畫也盡心焉耳矣沒身焉耳矣其果不畫也猶恐失焉雖然不可不鍥以誠也誠豈易哉修辭以立之懼辭之浮於誠閑邪以存之懼邪之干其誠誠立且存而志不分矣誠本也中庸

榦也木必根本深而後榦強誠之於中庸猶是也誠
至則依乎中庸也必堅雖如是其敢自謂造其極乎
雖造其極其與世不堪也人誰信哉雖然吾能爲可
信彼氣同道合者則或信焉信不信聽乎人吾不能
使之必信也正己而不求諸人也信則得時以駕爲
雲龍風鵬以澤天下而羽儀四海不能奉身以退如
霧豹冥鴻高舉遠引樂堯舜之道而已如是者其亦
可乎其未可也居今志古者鮮矣民鮮中庸也亦久
矣有能知中庸之爲尚吾固樂而與之況能如顏氏

子服膺拳拳者乎世若無孔子吾之説未可信也美
生之志有慨吾懷故爲索言之

答朱解元

其敘解元朱君仁有足下辱書勤懇辭旨高遠待我以昌黎歐陽而自比於區冊常秩二子何處已甚卑而待我甚高耶王荆公詩云終身何敢望韓公東坡先生云歐陽子天人也不可及已子瞻介甫悉一時儁人宜與昌黎歐陽方駕並馳而且云何敢望又自以爲不可及況如某之衰朽視東坡荆公固已萬萬不侔敢彷彿昌黎歐陽之萬一哉君之許我過矣古之君子自許以稷契伊周杜子美云竊比稷與契唐

人有云不遣學伊周將何效焉夫伊周稷契皋明主於帝王之隆勳德卓越不可及而後之書生腐儒乃欲竊比願學蓋尚友古人志當爾耳君乃自比於區冊常秩若不足者君之自處謙矣自處甚卑而待我甚高竊為足下不取也雖然足下自比於區與常不過取其能與昌黎歐陽翳林坐石而漁披簑帶笠而鋤也僕方竄島夷非若陽山之近地汝陰之在中原也不知足下能如區常與僕周旋於島夷翳林坐石而漁披簑帶笠而鋤也否耶雖然僕非不欲念足下

之無罪也聊書區區爲謝且發一笑

答呂機宜

機幕之任甚艱哉安撫公總統瓊崖儋萬四郡事瞭治所部方千里之民以輯睦海外贊一人承流宣化而隸府州之山海懸絶夷獠獷悍州率邊大海多島嶼灣澳舟乘飄風一日跨萬里邈不見形影撫柔一失方則據險阨機勁挽強相梃爲亂如蝟毛而奮又其海外雜國若躭浮羅琉球毛人夷亶之州如黃龍年入貢者而又有林邑扶南真臘于陀利之屬東南際天其地以萬數蠻商夷賈舶交鱷鱷之淵若海外

帥得其人則一邊貼妥不相漁劫剽奪無颶霧肓風恠雨發作無節之失故選帥常難其人而嶺之南州七十惟瓊管牧重於他州凡文辭號令與所部之政參贊畫諾運籌决策皆機幕出焉其任顧不艱哉非該博辨洽練達明敏身兼數器之才弗宜處之大要皆安撫公自辟以命於朝必其帥之賢然後所辟得其人隴西公以高才重望鎮此邦歷數年而機幕纔三四人其選可謂遴矣而獨闕執事[illegible]爲首選僕嘗以未獲見意缺然不滿茲亦有天幸[illegible]叨聖天子汪

濊恩自朱崖内徙道治下於稠人中忽奉大宅昂昂如野鶴之在鷄羣也雖少慰意而猶以未獲親炙咳唾爲恨敢謂撝謙惠然寵光貺以長牋春容乎大篇璀璨乎雄文益欲追三代兩漢之高而根乎六藝百家之深且遠也用是以求執事之爲人實所謂該博辨洽練達明敏身兼數器者也後之人苟有未知隴西公之文章政事吾請觀於執事者苟未知執事之文章政事吾請觀於隴西公可知矣退之所謂志同而意合魚川泳而鳥雲飛不是過也若夫須題鳳之

家世非熊之苗裔以稱美盛德則近於諂非執事之所宜聞也

答陳漢臣

其白解元陳君昨蒙惠長書齋戒伏誦覺氣格不似海外人文章因請問師友淵源所自而吾子答以從張慶符學於是知吾子蓋有師承而非若庸庸無模範者僕前在吉陽與張伯麟友得慶符詩文凡百篇慶符辛未之春自吉陽脫罪北歸滯留於瓊者累年甲戌春正月忽公幹復至吉陽相從累月惟甚既別三年而僕蒙恩從衡意謂至瓊當握手道故一寓三年之悲纔弛擔即訪慶符安否聞寓村落距城三四

十里病不能出爲之悵然者久之兩日前寓於直殿李侯處得書敬兩紙而繼得吾子之書重思慶符而不得見見慶符之所往來者則如慶符焉况吾子親炙其人而其文有似吾慶符者乎退之見李師錫如見李元賓殆此比也觀吾子之姓名慶符之聲容恍若夢寐誦吾子之書見慶符之模範知師友之不苟也子之言以某爲知命守道不遠孔孟者某豈敢當此葢庶幾焉而未云有得萬分之一徒喜吾子之學慶符而其文有似吾慶符也故爲索言之吾子其勉

焉將復有深於是也與其將南向酌酒以賀慶符尚席之得人也吾子其勉之

答廖知縣

九月十九日前進士胡某謹裁書復於知縣學士賢友其竊觀執事之書辭甚高而其意何卑而謙也過當過當某聞韓子之言曰師者所以傳道受業解惑也自常人言之道有待而傳業有待而受惑有待而解也自聖賢而言之非必傳道也非必受業也又非必解惑也師何爲哉鄭廣文非賢於杜子美而子美詩推爲廣文先生玉川子非賢於韓退之而退之詩推爲玉川先生以爲傳道乎是二賢者於道深矣以

爲受業乎是二賢者於業精矣以爲解惑乎是二賢者固不惑矣然而師事二子若不及者何也雖然是猶可也乃若孔子大聖人也百王之道備焉道非待傳也盛德大業至矣非待受也其言曰吾四十而不惑亦何惑之解哉而猶學道於老聃學樂於萇洪學琴於師襄學官名於郯子學禮於季札其從師而問焉蓋如此其急也然則師果何爲也蓋自常人而言之爲傳道受業解惑也自聖賢而言爲隆道也夫道聖賢之所自得也人豈能加毫末於聖賢哉老聃萇

洪師襄鄭子季札之徒非賢於孔子也而聖人諰諰然若不及者以能問於不能以多問於寡如望道而未見也是固聖益聖賢益賢我之道益尊易曰謙尊而光言虛已以下人道益尊而光也故曰自聖賢言之爲隆道也韓子謂傳道受業解惑也爲常人言者僕竊聞執事自早歲學易已有家法則道已傳矣妙齡以摛藻収賢科業已精矣小試牛刀芒刄不頓而琴齋晏然方諸邑紛紛以簠簋不飾被逮者踵相接而執事獨能洗手奉公無絲毫挂吏議而又有賢父

兄昕夕切磋曰聞所不聞則不惑矣而獨勤勤有意
韓子之師說豈曰傳道受業解惑云乎哉誠欲慕聖
賢行古之道非止追逐時好爲利祿計而止也嗚呼
師道之難行尚矣而執事力欲復之如此僕敢固避
違執事之至意乎所以懇懇然不敢但已者抑猶有
可疑者葢古人不難於從師而難於守其說從師者
衆人所能也守其說而不變也葢大賢所難王式以
易受褚少孫則曰聞之於師具是矣退之則本政亦
曰聞之於師夫式大儒也退之唐文章宿老也彼非

不能自售其說而言必稱師者守師說也丁子襄從
田何受易後棄其學復從周王孫受古義號周氏傳
史臣譏之孟喜從趙賓受易後賓死喜不肯守帝惡
其改師說不得爲博士夫丁子襄孟長卿皆易名家
而當時鄙其爲人者叛師說也不知執事將爲王式
乎退之乎抑但爲丁子襄孟長卿而已耶僕不敢輒
補退之師說之闕作師難以爲對僭白悚息不宣

卷十一畢

胡澹庵先生文集卷十二

宜川後學符乗龍斯萬　校閲

宋廬陵胡銓著

鍾蘭映奎　紹虞賡文

嗣孫

澐龍篆　廷棟騎屋

定靜園　近仁元長　編輯

逢盛亮釆　値夏道院 永陽院背　仝訂

小柬

與張丞相　九

某遑遠鈞屏三見歲遒匾匾戀軒之私不可具云今

者天假之年又獲奔走幕下自惟孤根弱植長養成就受恩最深而氷雪凋凌之餘尚得依倚干霄以遂生理豈非天幸相公以身許國垂二十年當此紛紛安得坐視伏料堂堂之氣折而不撓必不雷同以幸進第以職遠地疎不當越分姑拱默以俟時耳僕竊以爲過矣司馬公以遠郡通判上書論儲貳事以決去就以今醜虜橫行蔑吾王　三軍坐儆國力大詘視儲貳爲何如相公以前宰　總領方面視遠郡通判爲何如謂不當言則不可　謂當言而不從何不

去就決之相公之去就天下之重輕廟堂之蓍蔡也豈可不愼僕日欲達狂瞽之說以效野人之識而私居之使無因而前偶同年黃埴耑人至大府輙附以往埴守官廬陵學問政事皆可觀登第十三年無一知己最爲有守相公常以渴賢爲懸敢以聞於侍史某位卑言輕俯伏待罪

某恭惟判府大使僕射相公先生奥衍精微之學宏深雅健之文靜重特立之操葢世彌天之功視粟於南濮鉛於北往往能遁之頃居端揆甄陶無心有韓

忠獻之公容受狂直無晏元獻之禍道足以弼亮天工異乎子房專以數謀足以折衝樽俎異乎次律不知兵誠宜股肱元聖師保萬民以濟中興之業然而不能使其身安於朝廷之上有志之士爲之太息伏惟高懷許國體道一致固不以中外二其心迂儒罷罷不能窺測萬一乞恕僭越

某近蒙憲車出相公先生所賜鈞翰八字寛弘詳練生物之道仰荷鐫誨之篤某嘗聞尼父一言而子路終身誦之子太叔一言而趙簡于終身守之夷考二子行事由

也不得其死鞅也失節於晉陽俱不能踐言某雖不敏然佩服明訓敢不終身以二子為戒

某前蒙取索春秋説不避誅絕之罪謹繕寫緝成八冊申納罪廢二十餘年紙札不如軌度伏地駭汗仰丐痛加筆削冠以袞言却賜擲下某朝聞夕死可以藉手見先人於九京無憾矣某兒時讀史記見前喆云春秋推見至隱易本隱以顯之二經互明故每件援易爲斷大抵皆集百家之善故輙以集善爲目僭越瀆尊擢髮不足贖過非恃愛念之舊曷敢如此惟

公憐恕

某伏以坤變一陽復來七日恭惟觀使大丞相先生樂天知命進德及時坐膺難老之祥行慶贊元之拜某頌繫於此不獲躬詣鈞屏稱觴上壽某卑誠不任歸依祝頌之至某伏蒙頒賜鈞翰并序文一通百拜跽受謹什襲藏衍子子孫孫世寶之旦夕刻之琬琰別具稟次某幼聞周頡所生母得坡老一言而千古知有絡秀左丘明得杜征南一序而千古知有春秋左氏某也固不敢望丘明伯仁公之視坡老征南盍

度越萬萬則某之托以不朽豈特伯仁丘明比哉南望德宇趨侍未涯伏乞上爲廟社下爲蒼生倍保鈞重即膺衮迎以副四海顒顒之望

謝鈞翰題母魯夫人墓額及撰述春秋序故柬中及之

某伏奉鈞翰諄諄溢幅無非忠誨至言把玩三復不能去手發藥蒙陋多矣下誠感慰無以爲諭某頌繫屏居日與學生泳灘浹讀禮記春秋閒有一二生執經相從亦不敢倦幼年讀梅直講老與諸生開反切之常竊笑其窮如此今自不免想聞之亦粲然也自

便之命未下如婦人玩印盝廟堂必待千而後與耳今之從政者皆新進少年視陳人為何等強顏通書非不能直不欲耳正坐穩處且任運也獨易堂獨觀昭曠虛心味道所得之多倍蓰偃月堂中人萬萬無疑也需丐之益不宜獨外於老門生意迫辭切敢固以請近得楊丞詠歸堂楚詞讀之恨不獲執經擁杖屨以從於舞雩之下然楊丞之詞固善惜其不廣不使天下學者皆得詠歸夫子之門也僭越僭越

某惶恐拜覆仲亙　極熱恭惟判府觀文大丞相先生

鈞候起居萬福某遠竊鈞芘家食苟生不敢上煩挂念四月二十一日伏被鈞翰整冠肅容拜手伏讀仰體至誠相與之意下情感慰交集重蒙誨語謂念此身今將安之三復永歎至於出涕誠哉是言嘗謂匹夫自經於溝瀆與仁人殺身成仁等死耳聖人去取不同者輕重異也故曰死有重於泰山有輕於鴻毛奸邪小人懷祿保寵危而不持顛而不扶一旦主憂國蹙不死敵手則死亂兵如楊國忠之徒是也此爲輕於鴻毛志士仁人以身許國主爾忘身國爾忘家

有如萬一主憂國削直言極諫犯顏逆鱗不死暴君之刑則死奸斧逆鼎如孔融陳蕃是也此爲重於泰山丞相當嚴遣時欲吐一言奏一記畏首畏尾言一脫口禍且不測於此時或輕用其身亦豈泰山之重乎今也當方面之託責重任隆謂上不吾知任既隆乃知我矣謂海内不吾信望既重乃信我矣損一身以寬知我信我者之憂亦豈鴻毛之輕乎今四海之人皆曰自丞相之幡然而起也道德之威隱然如長城之可恃以安且固也截然如長城之界夷夏也何

憂乎犬羊何畏乎令色孔壬意廹辭鄙駭汗以之近日方同年傳鈞肯令撰卞公祠堂記謹繕寫申呈乞賜改抹方同年瀘然極可惜仰勤鈞卹其家何以報德未卜趨侍敢乞上爲宵旰倍保鈞重即膺大拜以慰華夏之望

其伏以仲秋漸涼恭惟宣撫少傅觀文大丞相先生鈞候起居萬福某即日蒙恩不敢上勤鈞念其伏審渙號王庭出節少府光奉册書之寵誕膺授鉞之榮釋留鑰之劇煩總兵柄之嚴重海内方將以平治天

下之任盡付於明公鈞懷宜深體恢復中原之憂以副輿望然後入調伊傅之鼎大輸稷契之忠以致太平以光時論下情不任祝頌之至某七月十七日得省劄復官於郡實出大鈞播物之賜舉家感恩無地萬岱為輕以未受誥勑不敢輒具啟狀申致謝悃伏乞鈞炤

某伏以元正啟祚萬物維新伏惟宣撫少傅大觀文丞相先生應時納祜與國咸休某即日蒙恩不敢上動鈞念某臘月十一日入國門次日得旨十三日於

内殿賜對誤蒙識擢吏部外郎十五日已視事省循所自實出大丞相先生平日教誨生成之力感恩荷德沒齒無忘重惟天官劇曹簿山埋沒日虞瘝曠以速罪戾顧終教之俾立於無過之地實不貲之惠丞相碩德元勲聳動夷夏正心誠意感通天人東山遲我公之歸如懷姬旦比虜鶩吾父之在未數汾陽此朝士公共之言非敢私也趨侍匪遥預以踴躍伏乞上爲當宁倍保精神加護眠食即握天下之砥以慰中原櫃來之思某誠懇誠禱

與王季羔

某白季羔畏友某自戊午十一月二十九日早奉違令祖居士丈及吾友是日午張澄遣撫屬劉嵥帯使臣賫朝旨取索官告毀抹日下押出門當夜宿靈芝寺次日午便行宿十里橋龍山寺十二月一日侵晨有旨罷照州萬里之行遂復回住龍山寺兩日李大侍郎處借舟初五日離行在十二日到姑蘇平望夜得一男人甚憫老人二十二日到閶待閘半月次年正月七日離潤僦舟抵建康張老父子及張帥皆見

過相欵半日問宅間動静云不知近耗欲少留遣書約相見又廹行計時初十日也十五日到太平易舟二十二日過方務德提舉處住兩日二十五日行二十六日過雁[redacted]風折帆竿舟幾覆賴帆浮水面舟雖傾側而不沉没舉家更生造物見赦尚復爲人幸莫大焉去年三月十一日抵敝鄉一行皆無恙日夜念欲作一書奉寄無聊中懶惰無匹因循及今吾友亦相忘太甚翟公云一貴一賤交情乃見似非過論吾友想學問加長甚望甚望不能得一見雖兄弟之情

不過如此不知頗復見念否想投拜秀穎遂契鄙者也秀穎向在吾家相得甚歡一旦被逐畧不存省世態冷暖如許惡耳相聚因言僕無恙在居士丈拜違之久渴想不可言不及拜書讀此足矣萬萬力學加愛不具

與張少常

某再拜去年三月十一日到家杜門省愆不復仕進矣過煩在念良發深省吾親春秋方盛又能業其官苟加勉焉富貴可跬取也富貴不足道要有守耳

與彭德器

某頓首再拜上德器學士座前方劇渴仰忽枉書如熱有濯就審弛擔息肩尊候萬福太夫人魚軒以降均健郎孃益秀爽否閩關殊未厭輿言然版輿之榮亦少慰矣僕忝昔契喜邁衆人也吾友平生磊落喜

爲無顧忌大語來書畧不及比日所聞是大疏我乃知利禄真似馬銜不虛語耳東尹不見彼能數千里傾倒爲之感歎大暑未宜奉親當少從容或能因展墓迂道願尋洞岩之盟匆匆不宣

卷十二畢